EQ致勝

66個提升EQ的技巧，教你如何掌握情緒，搭配個人專屬的EQ線上測驗與學習系統，引領你學會增進工作表現必備的EQ技能

Emotional Intelligence 2.0

崔維斯・布萊德貝利（Travis Bradberry）
琴・葛麗薇絲（Jean Greaves）——— 著

簡捷 ——— 譯

各界讚譽

在這個人所組成的世界，要先學會做人，才能夠成就事業。相較於ＩＱ高低，ＥＱ更與成功有直接的正相關，布萊德貝利跟葛麗薇絲兩位導師在書中教導的實際可執行的方法，讓每個人都能學會覺察自己的情緒，進而提升ＥＱ，改善事業與家庭生活。值得每一個想要精進人生的朋友細細品閱。

——何則文，青年職涯教練、《別讓世界定義你》作者

這是一本輕便的小書，搭配迷人的故事、清晰的背景資訊，帶你了解自己的ＥＱ測驗分數，找到提升ＥＱ的方法。

——《新聞週刊》

兩位作者調查情緒在日常生活中扮演的角色，整合了多達五十萬名受試者的測

驗結果，將ＥＱ評量機制精鍊為二十八題線上測驗，只要花七分鐘，人人都能測出自己的ＥＱ。

——《華盛頓郵報》

本書訓練ＥＱ技能的策略值得一讀，是我們本週最推薦的實用書籍。即使ＩＱ平平，也不代表我們一輩子只能表現平平，這真是振奮人心！而且書中內含的線上測驗還能即時收到結果分析報告，誰還能抗拒它的魅力？

——《新聞日報》

本書列舉了豐富、實用的研究發現，不僅見解獨到，更著重於訓練ＥＱ的方法。研究顯示，不論我們扮演什麼樣的角色，ＥＱ的重要性都勝過ＩＱ，這點無庸置疑；尤其對於領導人來說，ＥＱ更加不可或缺。

——史蒂芬．柯維（Stephen R. Covey），暢銷書籍《與成功有約：高效能人士的七個習慣》作者不論你想獲致個人成功，或是擁有成功的職業生涯，ＥＱ都是不可或缺的重要技能。這是一本不可多得的好書，線上ＥＱ測驗帶來的啟發更是前所未見。強力推薦給各位。

——肯．布蘭查（Ken Blanchard），
商業書籍暢銷冠軍作家，
《一分鐘經理》共同作者

我的客戶都是成功人士，日理萬機，這本書不僅帶來寶貴的啟發，而且一點也不浪費你的時間！藉著本書和隨附的ＥＱ測驗輔助，我和多位教練在工作上都獲得強大的練習成效。兩者相輔相成的效果超乎想像，絕對讓你學好提升工作表現必備的ＥＱ技能。

——馬歇爾．葛史密斯（Marshall Goldsmith），
著有暢銷書《ＵＰ學：所有經理人相見恨晚的一本書》，
獲《華爾街日報》、《富比士》、《哈佛商業評論》、《快速企業》等雜誌

評為權威經營管理指導專家

這本書不只告訴你該做什麼，還教你怎麼做。無須贅言，我們都知道ＥＱ是邁向成功最核心的一塊拼圖，只是需要知道增進ＥＱ的確切方法。布萊德貝利與葛麗薇絲這本優秀的書是來得正是時候，它會改變你的人生。

——喬瑟夫．葛瑞尼（Joseph Grenny），紐約時報暢銷書《開口就說對話》共同作者

本書充滿豐富的智慧啟發、實用建議，全部源自於突破性的研究成果。兩位作者正向的策略擁有絕大的影響力，能夠改變你觀看人生、職涯、甚至是面對世界的眼光。

——麥可．艾伯拉蕭夫（D. Michael Abrashoff）艦長，暢銷書《這是你的船》作者

如果你納悶自己的事業為什麼停滯不前，或者想找到前往下一階段的成功捷徑，你絕不能錯過這本書。ＥＱ是事業成功不可或缺的要素，這本書簡單指出培養核心技能、訓練行為的方法，與你的專業知識相輔相成，帶動事業表現更上一層樓。

——羅意絲．法蘭柯（Lois P. Frankel）博士，
紐約時報暢銷書《乖女孩得不到大辦公室》作者

這本書驚醒了所有希望職涯飛躍進展、強化人際關係的人。布萊德貝利與葛麗薇絲兩位博士在本書當中不僅舉出具有影響力的研究成果，更提供實用的策略、迷人的故事，改變人們對自我的看法，同時也徹底改變我們與最在乎的人如何互動。

——吉姆．洛爾（Jim Loehr），
紐約時報暢銷書《用對能量，你就不會累》作者

我把這本書發給每一位團隊成員閱讀，對於我們團隊內部、以及其他部門的互動都非常有幫助。過去幾年，經營管理的新興術語滿天飛，但是如何培養、推廣職

員對ＥＱ的認識，仍然是企業文化的核心與靈魂。有先見之明的人都明白，一家企業究竟只是普通的公司，還是出類拔萃的優秀企業，一切都取決於ＥＱ。本書是聆聽基層意見的絕佳工具，如果你想成為真正引領人心、博得眾人信任的領導者，這本書絕對是你不可錯過的良機。它不只能改變你的事業生涯，更能改變私領域的人際關係。

——瑞吉娜・沙夏（Regina Sacha），FedEx聯邦快遞子公司Custom Critical人力資源部門副總經理

現代人在職業生涯的快車道上奔走，我們在電腦鍵盤、手機、視訊會議上花費大把時間，反而少有機會面對面溝通。我們必須從破碎的對話、難解的語音留言、滿是縮寫略稱的簡訊當中，拼湊出推動作業流程的方法。在這個日漸複雜的網絡之中，ＥＱ的重要性更是與日俱增。本書充滿難能可貴的洞見與資訊，沒有人能夠忽略它。

——拉吉夫・裴夏瓦里（Rajeev Peshawaria），

高盛集團執行董事

布萊德貝利與葛麗薇絲博士推出了這本珍貴好書，它影響力驚人，卻沒有閱讀門檻，簡單易讀，以迷人的角度切入主題，帶我們審視生命中最重要的事物。要在好萊塢獲得成功，就像其他事業一樣難如登天，EQ絕對是這條路上不可或缺的技能。我強力推薦這本書。

——馬特．奧姆斯特（Matt Olmstead），
《越獄風雲》、《紐約重案組》執行監製

精彩、實用又有益的好書，運用書中的各種工具與技巧，你可以與生命中的每一個人都處得更好。

——博恩．崔西（Brian Tracy），
暢銷書《時間管理：先吃掉那隻青蛙》作者

布萊德貝利與葛麗薇絲兩位博士成功撰寫出一本實用的ＥＱ概述，卻一點也沒有過度簡化的問題。不論你是經理人或員工，這本書都能迅速帶你深入了解ＥＱ。對於Nokia的經營管理、員工發展計畫而言，這本《ＥＱ致勝》以及TalentSmart的數位學習系統都是不可或缺的一部分。

——珍妮佛・茨洛斯（Jennifer Tsoulos），理學碩士，
Nokia手機人力資源部門

快拿起你的筆，準備抄下豐富筆記！這本好書以強而有力的科學證據為後盾，裡頭寫滿了寶貴的啟發與實用建言。毫無疑問，我很久沒有讀到這麼難得的好書了。我會送一本給每位朋友和客戶，這是本季必讀的優秀作品。

——詹姆斯・比拉斯科（James Belasco），
紐約時報暢銷書《大競爭力——引爆廿一世紀全球領導新趨勢》作者

身為消防隊員，我們必須在緊急時刻為大眾服務，這本書非常具有參考價值。

書中列出簡單、有效的步驟，我可以一步步跟著學習、運用必要的ＥＱ技能，在危急時刻與民眾建立更好的互動。本書有助於促進團隊合作、發揚團結精神，所有主管想必都受用無窮。

——多米尼克・阿瑞納（Dominick Arena），

美國加州埃斯孔迪多市消防局，消防隊長

ＥＱ是決定一位醫師成功於否的關鍵，布萊德貝利博士、葛麗薇絲博士的這部作品以科學研究為基礎，十分切合我們的需求。我在師資培育領導計畫中負責ＥＱ訓練，同時也指導醫學系學生，我已經可以想像這本書納入醫學院課程的情景了。

——狄希・費雪（Dixie Fisher）博士，

南加州大學凱克醫學院臨床助理教授

在我們這一行，事業成功也是可以量化的，關鍵就是在我們投資的公司當中，支持能力優秀的執行長。我認為本書毫無疑問切中了要點，ＥＱ高低是一個人成功與否最重要的因素，卻也是最鮮為人知的關鍵。對於所有經理人來說，本書是必讀的好書，它不只帶來啟發，更能幫助經理人擬定計畫，增進自我效能，與企業組織一同邁向成功。

——瑞克．霍斯金（Rick Hoskins），
投資公司Genstar Capital董事總經理

目次

前言

Foreword

不是教育，不是經驗，不是知識，也不是智力高低——上述因素都無法解釋為什麼有些人能迎向成功人生，有些人卻被拋在後頭。背後一定有某些原因，只是這個社會沒有告訴我們。

實際案例每天都在我們眼前上演，在職場、在家裡、在教會、在學校、在住家附近。我們看見某些聰明、高學歷的人在低谷掙扎，卻有另一群人儘管技能、專長不如人，仍然邁向成功。我們忍不住自問，為什麼？

答案幾乎都離不開「ＥＱ」。比起ＩＱ或個人歷練，ＥＱ更難鑑定、衡量，當然也很難從履歷表上看出來，但它的力量卻不容否認。

現在，它再也不是不為人知的祕密。人們開始討論ＥＱ已有一段時間，卻遲遲無法駕馭它的力量，畢竟在這個社會上，人們想要提升自我的時候，往往投注大把心力，一味追求知識、經驗、智能、教育。假如我們敢打包票，保證我們全盤了解自己的情緒、別人的情緒，也了解情緒對每一天的生活有多麼根本的影響，這種做法當然沒有問題，可惜事實通常不是如此。

ＥＱ這個概念十分普及，在社會上卻鮮少受到實際運用，我認為造成這個斷層的原因有兩個層面。第一，普羅大眾就是不了解ＥＱ，往往誤以為ＥＱ就等同於領導魅力，或是愛好交際的性格。第二，大家不認為ＥＱ是可以開發的，以為ＥＱ高低全憑天生決定，有就有、沒有就沒有。

這就是為什麼這本書如此有益。我們能夠了解ＥＱ的真面目，學習在生命中管理ＥＱ的方法，它就像一根槓桿，幫我們撐起多年來累積的那些知識、教育與經驗，將這些能力發揮得淋漓盡致。

不論你是對ＥＱ一無所知，還是對它好奇已久，本書將會顛覆你對成功的看法。它值得你讀兩遍。

——派屈克・藍奇歐尼（Patrick Lencioni）

《團隊領導的五大障礙》作者，圓桌集團總裁

| 第一章 |

踏上旅途

The Journey

布奇．康納走出卡車，踏上鮭溪海岸的沙灘，迎向加州溫暖的陽光。今天是週末連假第一天，最適合帶上衝浪板享受追浪樂趣。顯然當地其他衝浪客也是這麼想的，過了三十幾分鐘，布奇便決定離人潮遠一點。他使勁划水，衝浪板劃過水面，帶他遠離人群，來到另一處海岸，希望能到沒有干擾的地方追到幾個浪頭。

划離其他衝浪客三十幾公尺遠之後，布奇坐到衝浪板上，任憑起伏的海面帶他浮沉，等待一個中意的浪頭。一道藍綠色的浪峰接近海岸，逐漸成形，布奇趴到衝浪板上，正準備追浪的時候，背後一陣巨大的水花聲吸引了他的注意力。布奇回頭往右後方看去，頓時嚇得動彈不得，一面長三十幾公分的灰色魚鰭正劃破水面，朝他游來。布奇陷入恐慌，渾身肌肉緊繃，趴在原處大口喘氣。他對周遭環境的感官變得敏銳無比，他看見魚鰭潮溼的表面反射著陽光，自己的心跳聲清晰可聞。

那道逐漸接近的海浪高高捲起，在水光閃爍的清澈海面上，布奇看見衝浪客最害怕的噩夢——一頭全長超過四公尺的大白鯊。恐懼充斥血管、流竄全身，害他僵在原處錯過了浪頭，也失去了快速抵達岸邊的機會。現在，這裡只剩下他與鯊魚對峙。鯊魚劃出一道半弧形的軌跡朝他游過來，從左側緩緩靠近。這條龐然大物距他僅有咫尺之遙，布奇嚇得無暇注意到自己的左腿正懸在衝浪板外頭，岌岌可危地泡在冰冷海水裡。「牠跟我那輛福斯車差不多大，」眼見那背鰭逐漸接近，布奇忍不住心想。他有股衝動想伸手摸那條鯊魚，「反正牠橫豎都要殺了我，為什麼不能摸？」

不過大白鯊沒給他這個機會。牠張開下顎大口一咬，頭部往上頂到布奇的腿。這時，布奇的腿剛好被鯊魚巨大的頭部給擋住，才沒有掉進那張血盆大口，但他整個人卻從另一側掉下衝浪板，整個人浸到深不見底的海水中。布奇落入水中的同時激起了大片水花，鯊魚一時之間陷入狂怒，牠發狂似地甩動頭部，不停

那道逐漸接近的海浪高高捲起，在水光閃爍的清澈海面上，布奇看見衝浪客最害怕的噩夢——一頭全長超過四公尺的大白鯊。

張嘴猛咬，往四面八方轟出水花，卻什麼也沒咬到。漂浮在一頭重達一點三噸的殺人機器旁邊，卻幾乎毫髮無傷，布奇覺得這個狀況實在是很諷刺，但他也明白，這頭頂尖獵食者不太可能再度失手。逃脫的念頭與生存意志，就像不久前癱瘓身心的恐懼一樣，迅速占據了他的思考。

大白鯊不再張嘴啃咬，開始小圈繞著布奇游動。布奇沒有爬回衝浪板上，而是弓起身體浮在海面上，將衝浪板夾在腋下，充當盾牌，擋在自己和那吃人的怪物之間，隨著鯊魚繞圈的方向轉動。布奇靜待鯊魚發動攻勢，他內心的恐懼逐漸化為憤怒。鯊魚再次朝他逼近，對決的時刻到了。布奇將衝浪板的尖端對準大白鯊，當牠的頭部浮出水面，準備咬人的時候，布奇猛力將衝浪板前端捅進鯊魚微開的嘴巴裡，鯊魚在這一擊之下陷入恐慌，再度開始盲目攻擊。布奇爬上衝浪板，朝著靠近岸邊的衝浪客大吼：「有鯊魚！」其他人聽見布奇的警告，又看見他身邊激烈的水花，急忙爭相往岸上移動。

布奇也朝著安全的岸邊划行，但才撥幾次水，立刻被鯊魚擋了下來。大白鯊浮出水面，截斷他往岸邊的去路，再次開始繞著他游動。布奇腦中浮現悲慘的結論，也許他剛才的對策都只是拖延時間的小把戲，恐懼感再次攫住他的神經。布奇趴在衝浪板上顫抖，眼睜睜看著鯊魚游動。他努力振作精神，將衝浪板尖端對準鯊魚的方向，但是他已經嚇得不敢再回到水中把衝浪板當作盾牌了。

布奇的思緒在恐懼與悲哀之間不斷徘徊。他要是死了，三個孩子不知道該怎麼辦？他的伴侶會花多久的時間忘掉他，繼續她的人生旅途？他想活下去，想掙脫這怪物的魔爪。一定得先冷靜下來，他才有可能成功。布奇告訴自己，那鯊魚就像一頭瘋狗，能夠感受到他的恐懼；他必須控制住自己，因為恐懼感會刺激鯊魚發動攻擊。這時布奇驚訝地發現，他取回了身體的掌控權。顫抖逐漸平息，血液回流到四肢，他渾身充滿力量，準備好再次划水。他立刻展開行動，往岸邊直直划過去。離岸流十分強勁，他瘋狂划水整整五分鐘，總算抵達岸邊，這段時間他繃緊神經，總覺得鯊魚就跟在後面，隨時會撲過來。布奇終於游上岸的時候，一群震驚的衝浪客和其他遊客早就在等他了。衝浪客頻頻感謝布奇的警告，還熱情地拍拍他的背。布奇・康納從來不曾覺得踩在陸地上的感覺如此美好。

理智與情緒的衝突

布奇和大白鯊的搏鬥，並不是當天早上唯一的一場戰爭。在布奇的腦部當中，他的理性也在與激烈的情緒搏鬥，爭取身體的掌控權，而且大多數時候都是情緒勝出。情緒帶來的幾乎都是不利影響（因恐懼而動彈不得），不過偶爾也有好處（在憤怒驅動下以衝浪板攻擊）。布奇費了好大的力氣，終於撫平自己的情緒，當他明白鯊魚不打算離開之後，決定冒險划向岸邊，最後成功撿回一命。大多數人也許一輩子都不會碰上大白鯊，但我們的腦其實和布奇一樣，天天都跟情緒拚死對抗。

學習有效處理情緒，是人類每一天都必須面對的課題，因為就腦部構造而言，情緒在這場對抗中比較容易取得優勢。人腦是這麼運作的：我們藉由視覺、嗅覺、聽覺、味覺、觸覺接收到的情報，全都會轉化為電流訊號，在身體裡傳播，經過一個又一個細胞，最後抵達目的地，也就是腦。這些訊號會從底部靠近脊髓的地方進入腦部，但它們抵達掌管理性、邏輯的腦區之前，必須先傳導到額葉（位於額頭後方）。麻煩在於，訊號在這個過程中會經過「邊緣系統」，也就是產生情緒的地方。由於這樣的傳導路徑，我們必定會先感受到情緒，接著理性思考才會開始作用。

掌管理性的區域（腦部的前側）無法阻斷邊緣系統「感受」到的情緒，不過這兩個區域確實會互相影響，也持續保持聯繫。情緒腦和理性腦之間彼此溝通，這就是ＥＱ在生理上的樣貌。

ＥＱ這項概念剛問世時，它是解釋以下這種奇特現象的關鍵：在百分之二十的時間當中，擁有最高ＩＱ的人，表現確實會比ＩＱ平均值的人優秀；但是在百分之七十的時間當中，ＩＱ平平的人表現卻都比高ＩＱ的人還要好。這種異常現

在百分之二十的時間當中，擁有最高ＩＱ的人，表現確實會比ＩＱ平均值的人優秀；但是在百分之七十的時間當中，ＩＱ平平的人表現卻都比高ＩＱ的人還要好。

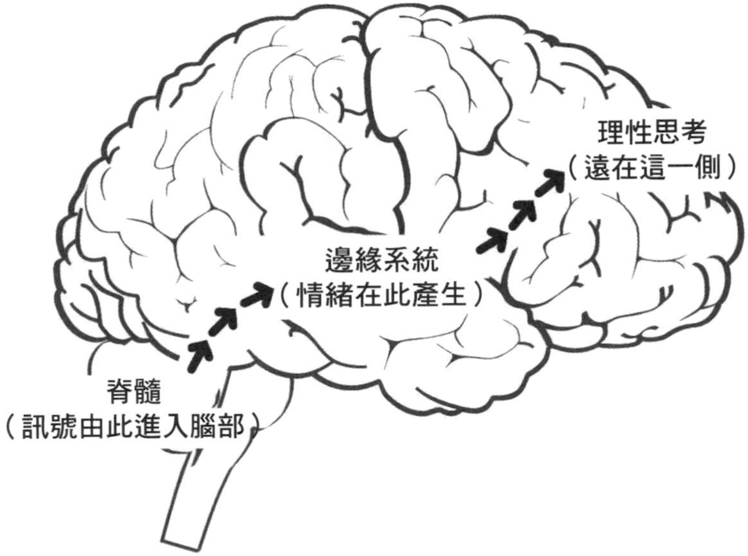

EQ在生理上的傳導路徑由脊髓開始。主要感官接收到的訊號是由脊髓進入腦部，等到訊號抵達腦部前側，我們才能理性審視這項經驗。但是在此之前，訊號必須先經過邊緣系統，也就是產生情緒的區域。腦部的理性中樞與情緒中樞必須進行有效溝通，才有辦法造就出高EQ。

象扭轉了許多人的想法，表示ＩＱ不一定是成功的關鍵。科學家因此認為，一定還有另一種變數，比ＩＱ更能解釋成功的原因。多年來，無數的調查研究紛紛指出，這項關鍵要素正是「ＥＱ」。

ＥＱ曾經登上一期《時代雜誌》封面特輯，也有長達數小時的電視報導，將這個概念介紹給數以百萬計的民眾。接觸到ＥＱ之後，人們便想進一步了解它，想知道ＥＱ如何運作、哪些人擁有高ＥＱ，最重要的是，想知道自己的ＥＱ好不好。為了滿足這個需求，相關書籍紛紛推出，其中也包括我們自己的書：《ＥＱ關鍵報告》（*The Emotional Intelligence Quick Book*）。這本書滿足了讀者的好奇心，不僅詳細解說ＥＱ相關知識，隨附的ＥＱ測驗更提供讀者審視自我的新觀點，這是本書的獨到之處。

《ＥＱ關鍵報告》命中了市場需求，上市不久即登上暢銷榜，譯為二十三種語言，銷售市場遍及一百五十個國家。但是時代變了，ＥＱ領域現在追求的是更新一波的知識——如何提升ＥＱ、獲得長遠的練習效果，為自己的人生帶來深刻的正面影響。以往，了解自己的ＥＱ分數是少數人的特權；提升ＥＱ的方法也一樣，本來只有特定圈子裡的人知道它的存在。每個星期，我們公司都會訓練數百位學員增進ＥＱ，但是以這個效率推算，想將訓練ＥＱ的方法普及到居住在美國的每個成年人，必須花上三千八百四十年！我們認為獨占這項重要訊息不是明智的決定，每一個人都應該擁有增進ＥＱ的機會。我們之所以撰寫本書，就是為了實現這個理念。

你的旅程

本書的目的在於提升你的ＥＱ。本書不只會告訴你何謂ＥＱ、讓你真正測出自己的ＥＱ分數，更收錄了歷久不衰的ＥＱ訓練方法，帶你突破自己的ＥＱ記錄，而且今天就可以開始執行。ＥＱ是一種不可思議的人類潛能，只要改變自我、學習新的技能，你也能享受它帶來的所有益處。

本書收錄了六十六項訓練策略，全都是我們多年來邀集像你這樣的受試者，精心測試、加以歸納的結果。訓練策略中明確指出提升ＥＱ該說什麼、怎麼做、如何思考，為了發揮完整訓練效果，你得先知道該把心力集中在哪一部分。增進ＥＱ之旅最重要的第一步，就是上網進行新版的ＥＱ評量測驗；馬上進行測驗，了解自己的ＥＱ分數，這個分數會成為你的比較基準，等你閱讀本書、練習ＥＱ策略之後，就能看出自己進步了多少。實際量測自己的ＥＱ之後，你的學習之路就不再僅限於概念上空泛的理解——得分數據會告訴你哪一項ＥＱ技能最需要加強，也會告訴你本書中的哪些訓練策略能夠加強那項技能。這是本書新增的功能，從此你可以迅速找出最有效增進自己ＥＱ的策略，省下摸索猜測的時間。

現在就測量自己的ＥＱ，效果就好比實際找個舞伴練習跳華爾滋。假如我只告訴你舞步，你會學到一點新知，也許會想自己嘗試看看。不過，假如在我教你跳華爾滋的同時，有個舞伴陪你練習每一個舞步，那你未來記住這些舞步、在舞池大顯身手的機率也會呈指數增長。做完評量測驗拿到的ＥＱ分數報告，就相當於你培養ＥＱ技能的舞伴，它會提醒你每一個拍點該踏出哪一步。

線上ＥＱ報告中會整理出你需要訓練的技能，同時提供自動化提醒，輔助你專注達成目標。數位學習課程則運用好萊塢電影、電視節目、時事等影片，增加訓練ＥＱ的樂趣。

ＥＱ評量測驗不只告訴你最準確的ＥＱ評分，還能讓你追蹤自己的ＥＱ進步情形。你可以現在進行第一次測驗，撥出時間練習、應用本書的訓練策略，過一段時間再測一次。進行第二次測驗後，系統會更新你的分數報告，並排顯示兩次成績，同時分析你這段時間有哪些改變，下一步又該如何讓ＥＱ持續發揮效果。書末的夾頁印有說明，附有你專用的序號，請登入夾頁上所寫的網址，點選「進行測驗」（Take the Test）按鈕下方的「繁中版」（Traditional Chinese），輸入夾頁上的序號，即可開始測驗。

情緒可以助人，也可以傷人，但是假如不了解情緒，你就沒有辦法控制它。我們邀請你現在就展開ＥＱ訓練之旅，因為我們知道，每一個人都能學著掌握情緒、了解情緒。

｜第二章｜

EQ概述

The Big Picture

下一章我們會介紹四大ＥＱ技能，不過在此之前，你得先了解一些關於ＥＱ的重要知識。過去十年間，超過五十萬人進行了我們的ＥＱ評量測驗，探討情緒在日常生活中扮演的角色，比較人們眼中的自己與別人的看法有何差異，也觀察各種不同選擇如何影響個人成就與工作表現。

ＥＱ逐漸受到全球矚目，不過人們對於情緒的控管與認識仍普遍不足。我們的受試者當中，僅有百分之三十六的人能夠準確認知自己當下的情緒，代表多達三分之二的人深受情緒左右，而且缺乏識別情緒、善用情緒的技巧。學校教育不會教我們如何察覺、了解自己的情緒，我們進入職場之後，雖然閱讀、書寫、報告專業知識的能力樣樣不缺，但是面對困難挑戰、發生摩擦的時候，卻往往缺乏

我們的受試者當中，僅有百分之三十六的人能夠準確認知自己當下的情緒。

管理情緒的技巧。想做出良好決策，只有知識還不夠，必須在關鍵時刻善用自我知識與情緒管控。

想想人們表現出的情緒是多麼千變萬化，你就會覺得我們敗給情緒也不奇怪。描述情緒的詞彙如此豐富，不過每一種情緒其實都源於五種核心感受：快樂、悲傷、生氣、恐懼、羞愧。日常生活中，不論是工作、與家人朋友相處、吃飯、運動、休息，甚至睡覺的時候，我們都處於綿延不絕的情緒流動當中，所以一不留神就會忘記它的存在。但是生命中發生的所有事情，幾乎都會刺激情緒反應，即使當事人沒有意識到它也一樣。情緒的複雜性，展現在它多樣的強度上。

觸發點與情緒支配

布奇・康納遭遇大白鯊襲擊的時候，有好幾次被自己的情緒支配了——他的行為受到情緒控制，無暇思考，只能做出情緒化反應。一般來說，越強烈的情緒越容易綁架你的行動。面臨生死交關的狀況，例如遭到巨大的猛獸攻擊，情緒強

情緒強度	快樂	悲傷	生氣	恐懼	羞愧
高	得意 興奮 狂喜 激動 活力 著迷 激情 熱情	憂鬱 痛苦 孤獨 受傷 沮喪 絕望 悲哀 哀慟	暴怒 憤怒 憤慨 激憤 震怒 狂怒 憎恨 遭人背叛	懼怕 驚恐 嚇得動彈不得 驚呆 害怕 恐慌 發狂 震驚	悲哀 懊悔 名譽受損 自卑 恥辱 丟臉 羞辱 遭人責罵
中	興高采烈 喜悅 愉快 寬慰 滿意 容光煥發	心碎 鬱悶 迷惘 憂傷 失望 憂愁	惱火 氣憤 防衛心態 挫敗 焦躁 厭惡	憂慮 驚嚇 感到威脅 不安全感 心神不寧 膽怯	歉疚 低劣感 罪惡感 內疚 困窘 偷偷摸摸
低	高興 滿足 舒適 平靜 開心 放鬆	不快 難過 愁緒 心煩 灰心 不滿	不安 惱人 煩躁 抗拒 氣惱 敏感易怒	提心吊膽 緊張 擔憂 羞怯 不確定感 焦慮	害羞 滑稽 遺憾 不自在 受人憐憫 可笑

表格頂端為五大核心情緒，底下各欄分別為該情緒不同強度的實例。原資料由茱麗亞．魏斯特（Julia West）整理，已由原作者許可改編、刊登。

度絕對足以引發短暫的情緒支配。

以布奇的例子來說，他在恐懼的情緒支配之下動彈不得，但是即使面對一頭吃人的龐然巨獸，布奇仍然成功運用理性思考，從情緒手中拿回身體的主控權。布奇與自己理性對話，直到無力感逐漸消退，情緒冷靜下來，他才得以成功游抵岸邊。思考無法憑空消除恐懼、害怕的感受，但是確實成功阻止情緒繼續綁架他的行為。

由於腦部構造的關係，人類註定是情緒化的生物，遇到事情，第一時間產生的必定是情緒化反應，這部分我們無從控制。但是我們可以控制情緒之後的思維，至於面對情緒該如何反應，我們也有很大的掌控空間——前提是必須意識到自己的情緒。某些經驗帶來的情緒很容易發現，有時候則難以察覺。當一件事情在你心中一再引起情緒反應，它就是你的「觸發點」。你個人的過去、面對類似事件的經驗，形塑了你應對這些觸發點的方式。培養ＥＱ技能之後，你會學著注意到自己的觸發點，透過練習養成有效的回應方式。

全盤了解一個人

ＥＱ是一個人辨認、了解自己與他人內心情緒的能力，同時也是運用這份認知，管理自己的行為與人際關係的能力。ＥＱ是我們每個人心中難以捉摸的一部分，它會左右我們如何控制行為、掌握錯綜複雜的社會關係，做出正確決定，為自己帶來正面的結果。

ＥＱ獨立於智力之外，是決定人類行為的基本要素之一。據目前所知，ＩＱ與ＥＱ毫無關聯，我們無法以聰明程度判斷一個人的ＥＱ高低。ＩＱ是固定的，除非遭遇重大事故、損傷腦部，否則智力從出生開始就不會改變，即使學習新知，也無法提升智能。ＩＱ是你的學習能力，這能力不論在十五歲或是五十歲的時候都是固定的。相對來說，ＥＱ則是一種可以訓練的技能。確實有些人天生ＥＱ就高於常人，但即使生來ＥＱ平平，仍然可以透過後天開發，提升你的ＥＱ。

除了ＥＱ跟ＩＱ這兩大要素之外，最後一項要素是人格特質，它是穩定的

「行事風格」，定義了我們每一個人。人格特質是你的個人偏好累積下來的結果，例如一個人性格偏內向，或是偏外向。但就和ＩＱ一樣，我們無法根據人格特質判斷ＥＱ高低，而且人格特質是天生固定的要素。一個人剛出生不久，人格特質就會浮現，也無法抹滅。有不少人先入為主認定某些特質（例如外向）與高ＥＱ有關，但是交遊廣闊的人ＥＱ可不比孤僻的人高。人格特質只能輔助你培養ＥＱ，不會影響ＥＱ高低；ＥＱ是一種會變動的技能，人格特質卻是江山易改，本性難移。同時評估ＩＱ、ＥＱ、人格特質，是全盤了解一個人的最佳方法。透過這三個要素審視一個人，你會發現三者之間鮮少重疊，但每一種要素都涵蓋獨一無二的領域，都是解釋一個人如何運作的線索。

ＥＱ的影響力

ＥＱ對職涯成就究竟有多少影響？簡單告訴你：影響可大了！掌握ＥＱ，能有效讓你集中心力，帶來豐碩成果。我們針對ＥＱ與三十三項重要能力進行測

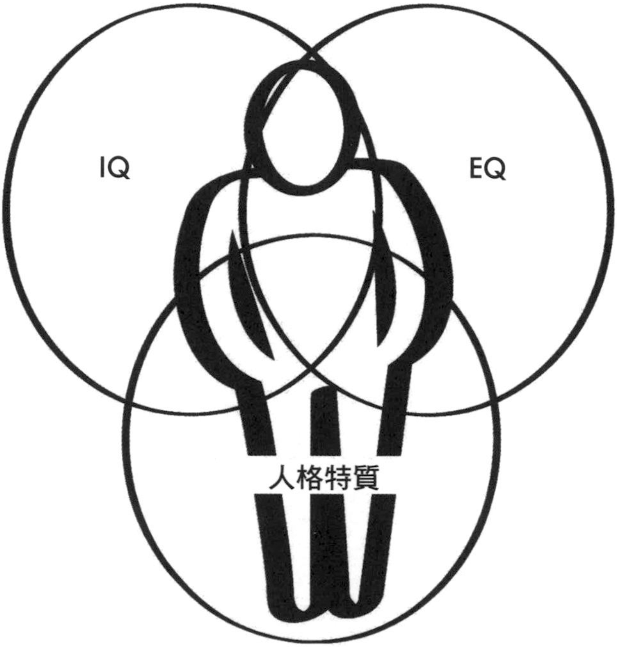

每一個人都有IQ、EQ、人格特質這三種不同要素，三者綜合起來，決定了我們的思維和行動方式。我們無法以其中一種要素推測出其他要素的高低，一個高IQ的聰明人EQ可能不高，而且各種人格特質的人都可能擁有高EQ或高IQ。這三種要素之中，EQ是唯一可以訓練、改變的要素。

試，發現ＥＱ對時間管理、決策、溝通能力等大部分的技能都有所影響。大量核心技能都仰賴ＥＱ為基礎——我們每天的一言一行，都深受ＥＱ左右。ＥＱ是成功不可或缺的要素，無論在哪一種行業當中，一個人的表現水準有百分之五十八是由ＥＱ決定。在職場上，ＥＱ是預測工作表現最重要的指標，同時也是提升領導力與個人成就最強大的動能。

不論你目前的ＥＱ是高是低，都可以透過練習來提升ＥＱ。實際上，低ＥＱ的人也一樣有辦法追上表現較好的同事。澳洲昆士蘭大學商學院的一項研究指出，ＥＱ與工作表現兩項均低的受試者只要練習提升ＥＱ，一樣能達到與高ＥＱ、工作表現優秀的同事不相上下的水準。

ＥＱ是成功不可或缺的要素，無論在哪一種行業當中，一個人的表現水準有百分之五十八是由ＥＱ決定。

一點點努力，帶來多樣成長！

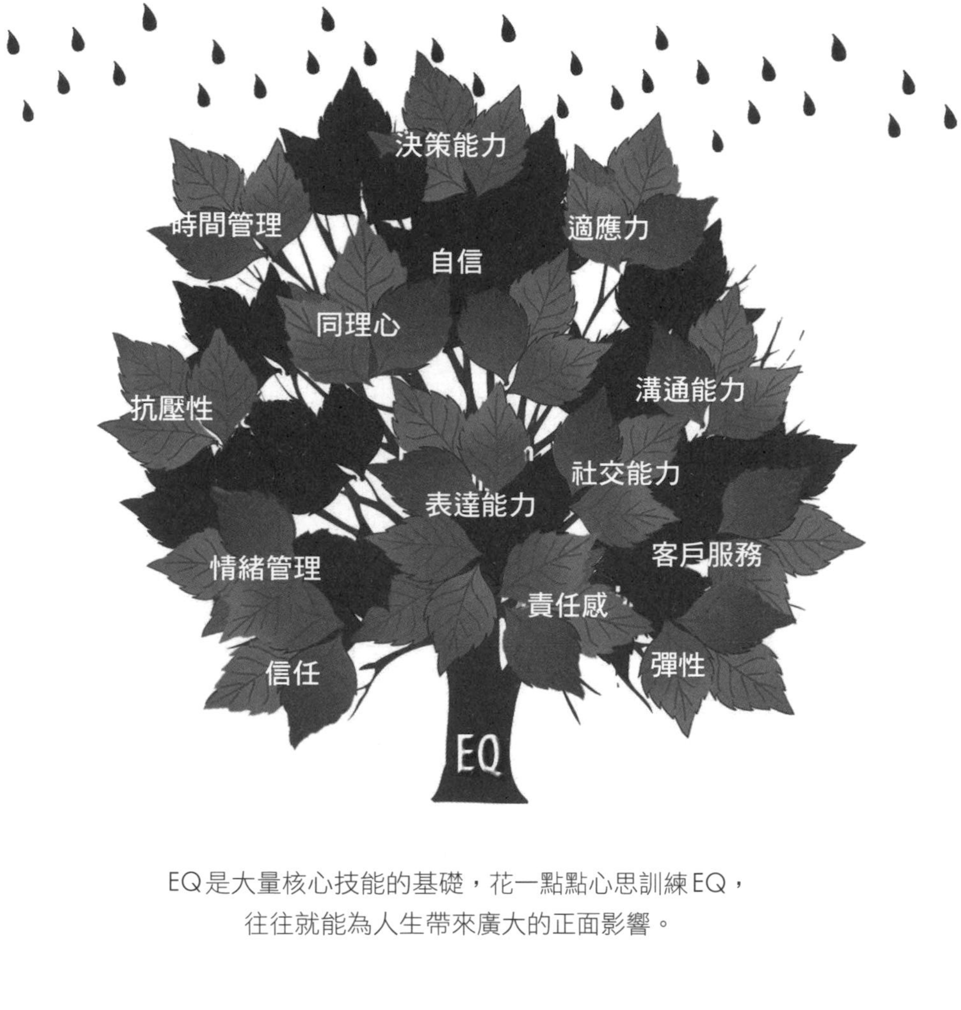

EQ是大量核心技能的基礎，花一點點心思訓練EQ，
往往就能為人生帶來廣大的正面影響。

我們的職場調查也發現，表現優秀的人當中，有百分之九十的人也擁有高ＥＱ；另一方面，表現差強人意的人當中，擁有高ＥＱ的人卻只占百分之二十。沒有高ＥＱ，我們還是有可能成為職場強人，只是機會不大。由於ＥＱ與工作表現相輔相成，因此努力培養ＥＱ的人，往往也能在工作上獲致成功，高ＥＱ族群的收入自然也就高人一等——平均而言，高ＥＱ族群的年收入比低ＥＱ族群高出兩萬九千美元。ＥＱ與薪資之間的關聯十分明確，ＥＱ每高一分，年薪便會高出一千三百美元。不論你身在什麼產業、什麼階級，生活在世界的哪一個角落，這些發現都是不變的鐵則。到目前為止，我們還沒見過任何一種職業的工作表現及薪資，能擺脫ＥＱ的密切影響。

ＥＱ與薪資之間的關聯十分明確，ＥＱ每高一分，年薪便會高出一千三百美元。

想在現代社會獲致成功、實現夢想，必須盡可能提升ＥＱ技能，因為唯有在理性與感性之間找到自己獨特的平衡，我們才能做出最優秀的成果。接下來，本書會教你如何把這個理想變成現實。

｜第三章｜

EQ是怎麼回事：了解四大技能

What Emotional Intelligence Looks Like: Understanding the Four Skills

想要真正培養四大ＥＱ技能，必須先進一步了解這四項技能，以及它們實際運用的情形。四大ＥＱ技能可分為「個人能力」與「社會能力」這兩種主要能力，「個人能力」由自我覺察、自我管理這兩項技能組成，著重於你的個人特質，而不是與他人互動的情形，代表你注意到自己的情緒、管理自己的行為模式的能力。「社會能力」則是由社會覺察、關係經營這兩項技能組成，代表理解他人的情緒、行為、動機，進而改善人際關係的能力。

想要真正培養四大ＥＱ技能，必須先進一步了解這四項技能，以及它們實際運用的情形。

個人能力	自我覺察	自我管理
社會能力	社會覺察	關係經營

EQ由這四大技能組成。上方的兩項技能：自我覺察與自我管理，主要是關於你自己。下方的兩項技能、社會覺察與關係經營，則是與他人相處的情形。

自我覺察

自我覺察，代表準確認知自己當下的情緒、從各種情境中歸納出自身行為模式的能力，這也包括掌握自己面對某些特定的事件、挑戰、人物的時候，會出現哪些典型反應。深入了解自己的行為模式，能幫助你迅速理解自己的情緒，這點非常重要。聚焦於某些負面情緒，也許會帶來不舒服的感受，然而，想要達到高度的自我覺察，就必須忍受這種不適感。

想徹底了解自己的情緒只有一個方法，那就是花時間思考情緒，找出情緒的來源、產生情緒的原因。情緒不會憑空發生，它是你對周遭世界的反應，所以一定有它的由來。乍看之下，情緒

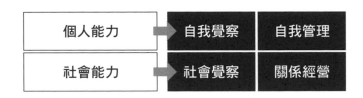

常常來得莫名其妙，重點就在於了解這件事情為什麼會引起你的反應。深入了解自我的人，就能夠迅速掌握情緒的核心。會引發強烈情緒的情境更需要仔細思考，這段自我反思的時間，往往也能避免你做出後悔莫及的行為。

自我覺察不是要你發掘自己深沉、黑暗的祕密，也與潛意識中的行為動機無關。理解自我的運作機制，坦率、誠實地面對它，才是培養自我覺察能力的關鍵。擁有高度自我覺察能力的人，能夠徹底掌握自己擅長做什麼，哪些事物能刺激他們努力、帶來滿足，又有哪些人、哪些情境是自己的地雷。

自我覺察不可思議的一點在於，儘管一開始我們大部分都只會注意到自己「做不好」的地方，但只要花時間思考就能夠增進自我覺察能力。擁有自我覺察能力，代表你不害怕面對自己情緒上的「過失」，這些失誤會幫你指出需要改進的地方，為你提供人生路上不可或缺的訊息。

自我覺察是一項基礎技能，有了它，你會更容易運用其他ＥＱ技能。提升了自我覺察能力，生活滿意度也會隨之飆升，生活滿意度指的是人們在家庭、職場上達成目標的能力。自我覺察對於工作表現來說同樣不可或缺，擁有高度自我覺察能力的人當中，有百分之八十三的人工作表現頂尖；另一方面，表現墊底的人當中，則只有百分之二的人在自我覺察的項目拿到高分。為什麼呢？這是因為有了自我覺察能力，你更有可能把握良機、專注工作，最重要的是——不容易讓情緒扯你的後腿。

這是最需要自我覺察能力的時刻。人們誤以為心理學只鑽研病理，以為只有在心理狀況岌岌可危的時候才需要了解自我；我們樂於擁抱可喜的事物，遇上令人不愉快的事物，卻選擇眼不見為淨。但是，唯有綜觀整體情況，才會真正對我們有所幫助。越了解自己的優點與缺陷，越能完整發揮潛力。

自我覺察的實際案例

大衛・T，區域服務經理

自我覺察分數＝95

與他共事的人怎麼說：

「大衛的長期目標非常明確，他不會犧牲任何事物追求短期利益。他是那種『直來直往』的人，不會跟人玩心理遊戲。這是我在公司內部會議，還有跟客戶開會的過程中親眼看到的。」

「大衛最值得一提的事蹟，就是他對我們公司採取的措施。我很確定當地團隊非常急於改變，不過大衛沒有立刻提供建議、下令改革，而是先謹慎分析整體局勢，以及團隊、客戶的現況。」

「簡而言之，大衛能管理自己的情緒，不會讓情緒牽著鼻子走。我曾經看大衛接到生意上的噩耗，他只是皺了一下眉頭，然後很快就放下情緒，開始和團隊夥伴合力尋找解決方案，為了改善現況而努力。」

瑪莉亞・M，人力資源經理
自我覺察分數＝90

與她共事的人怎麼說：

「在我參與的每一個場合，不論是好是壞，瑪莉亞總是保持沉著、冷靜、理性的態度，即使是令人挫敗、生氣的狀況也不例外。瑪莉亞非常坦然面對自己的感受，卻又不會因為一時的情緒而失態。面對困境的時候，她知道該如何抱持不失溫和的態度，同時堅定立場。」

「她隨時都保持開明、真誠的態度，這一點對於所有與她互動的人來說都意義重大。我會建議瑪莉亞保持現狀、不必改變，不過在某些情況，我想她可以更早採取較強勢的態度。她對這一點也有所自覺，而且會小心避免溫柔的態度妨礙事情進展。」

「與下屬碰到難以溝通的狀況時，瑪莉亞會非常注意自己的語調，努力維持得體的對話。這裡的人都很信任她。」

缺乏自我覺察的實際案例

緹娜・J，行銷經理

自我覺察分數＝69

與她共事的人怎麼說：

「有時候，緹娜會把她的壓力和急迫感投射出去，強加到其他人身上。她應該要了解這些行為對別人的工作、情緒壓力會產生什麼影響。另外，有時候她會給人自我防衛、態度強勢的感覺，所以我會建議她多留意自己的語調、用詞。」

「事情進展順利的時候，緹娜的EQ表現也比較好。她必須學著解讀自我情緒、認識自己的觸發點，受到刺激的時候才能採取更有效的回應。」

「她應該要意識到自己在別人眼中是什麼模樣。有時候我們會覺得她要求很多，但我不認為她本人有那個意思。」

吉爾斯・B，營運總監

自我覺察分數＝67

與他共事的人怎麼說：

「吉爾斯活在自己的『小世界』裡。他顯然很關心同事，卻不懂得劃清界線。他的個性有時候很惱人，但是本人總是沒發現對方已經感到惱火、煩躁、受不了他了。」

「面對客戶的時候，他非常擅長介紹公司的產品和服務。在團隊合作的專案上，有時候他會只看結果，忽略了過程。假如他願意暫停一下、平靜情緒，再來審視有哪些選項可以達成理想結果，事情會進展得更順利。」

「吉爾斯對自己做的事很有熱情。有時候這種熱情反而成了阻礙，他會直接開口跟我說話，沒有注意到我還在忙其他事情。他激動起來會打斷別人說話，你完全沒有插話的餘地。他不是故意的，只是太在乎自己的工作了。」

自我管理

自我管理能力，會在你採取行動或是選擇按兵不動的時候發揮作用。自我管理是個人能力當中第二個主要部分，而且與自我覺察能力息息相關。擁有自我管理能力，代表你能夠善用自己對情緒的理解，保持彈性的態度，導正自己的行為，同時也代表你在面對各種情境、人物時，能夠管理自己的情緒反應。某些情緒伴隨著巨大的恐懼感，蒙蔽你的思考、令你動彈不得，找不到這時該採取的最佳行動——假設最佳行動確實存在的話。面對這種情況，你在探索情緒與可能方案的過程中，容忍不確定感的能力有多強，就代表你的自我管理能力有多強。只要你理解、接納自己的感受，最佳行動自然而然會浮現。

自我管理不只是拒絕激烈、不恰當的行為，最大的挑戰在於長期管理自己的行為模式，在各式各樣的情境當中運用ＥＱ技能。有些自我控制的時機非常明顯、短暫，這些時機最容易發現，也最容易加以管理（「那條該死的狗！氣死我了！」）。不過，假如能為了更重要的長期目標，擱置自己當下的需求，這才表示你擁有真正的自我管理能力。實現這些目標往往不是一蹴可幾，這也就代表你的自我管理決心會再三受到考驗。擁有優秀自我管理能力的人能夠不屈不撓、堅持到底，只要能夠控制衝動，持續管理自己的行為模式，成功自然就會找上門。

擱置自己當下的需求，追求更重要的長期目標，你就能獲得真正的收穫。

自我管理的實際案例

萊茵．L，醫療管理人員

自我管理分數＝93

與她共事的人怎麼說：

「在氣氛激動、情緒化的會議上，萊茵這個人簡直是耐心和同理心的集合體。周遭全力投入混戰的時候，萊茵總是積極聆聽，以知識與智慧加以回應。」

「我親眼見識過她處理難題的手腕有多好，例如要停止聘任一名員工的時候。萊茵細心敏感，說話卻直截了當、一針見血。她會耐心傾聽別人說話，對自己的要求很高。」

「萊茵在一對一的場合表現很好，她善於溝通、思維敏捷，危機處理能力也非常優秀。她不會讓情緒干涉理性思維，這點造就了她這位手腕高明的經理人。我希望團隊裡有更多像她這樣的人。」

葉許・M，電腦工程師

自我管理分數＝91

與他共事的人怎麼說：

「葉許能完美處理高壓、衝突的場合。不管專案管理人（PM）要求多麼嚴苛，他從來不會喪失冷靜，因此PM也非常信任他。還有，即使他不喜歡某些同事的工作風格，他一樣能和他們共事。我知道跟那種人來往有時候令人倍感挫折，但是葉許從來不會失去耐心。」

「有一次我看見葉許碰上非常惱人的狀況，因為其他人沒有把工作做好，害他無法完成某項工作。他處理這件事的方式有禮貌又不失專業，即使內心生氣，為了獲得最好的結果，他還是能夠重新解釋一次工作程序。」

「我從來沒聽過葉許批評其他意見、想法不同的人。這邊很多人都愛在別人背後講壞話，但葉許從來不會輸給這種誘惑，即使他對某項議題很有想法也一樣。」

缺乏自我管理的實際案例

傑森・L，資訊科技顧問

自我管理分數＝59

與他共事的人怎麼說：

「面對高壓情境，或是發生意外狀況的時候，傑森有時候會回應得太急，語氣太尖銳、缺乏條理。我希望他回應之前先給自己一點時間，靜下來想一想，他太情緒化了。我也見過同事對於傑森的溝通態度表現出不信任感，傑森雖然本意良善，但是面對壓力的時候容易焦慮，他的反應也會影響到團隊成員。」

「傑森應該更收斂那種情緒化的怒罵，他也應該了解這種態度對客戶、同事會產生什麼影響。他本性不壞，很關心別人，但這些失言實在是——說出口之前應該要三思。他壓力大的時候，也比較常發生這種情況……就像以前有部廣告說過『不要讓別人看穿你流這麼多汗』，他的焦慮不應該往外發洩。」

「傑森會放任情緒支配他的行為，有時候會在情急之下出現不當的行為、講出不該說的話。我希望他多培養一些耐心，在回應之前先觀望一下事態發展。很多時候，這些狀況往往自然而然就會解決，有時候也不像他想的那麼緊急，但是在我們反應過來之前，他就已經丟出一連串的訊息，氣氛也跟著變得更緊張。」

梅伊・S，區域銷售總監
自我管理分數＝61

與她共事的人怎麼說：

「梅伊可以不要那麼老實。她的下屬不需要知道公司裡的每一條八卦，即使某件事惹她不滿，她必須學著不要表現出來。她心情不好的時候，我們團隊的氣氛也會受影響。梅伊在某些情境下會往外發洩壓力，身為領導者，這種做法無益於消除壓力，反而只會造成更多壓力與負面情緒，對團隊產生負面影響。」

「梅伊不太願意祝賀下屬的成就，這種態度讓人覺得她是不是心懷妒意，好像她視我為競爭對手，不希望我獲得成功。我認為梅伊是優秀的行銷專家，她對客戶也很好，希望她能用相同的態度對待下屬。」

「梅伊應該在問題發生前未雨綢繆，而不是等到事情發生了再採取行動。面對危機的時候，她不應該讓所有人知道她壓力有多大。她非常專注追求個人成就，也許因此負擔了太多責任。她負責管理西岸團隊，工作量確實很可觀，但是別人在會議上抱怨自己的問題時，她應該學著控制自己的情緒。」

社會覺察

社會覺察是社會能力中的首要組成元素，同時也是基礎技能。擁有社會覺察能力，代表你能準確注意到他人的情緒，真正了解對方的感受。要做到這一點，你必須觀察別人的想法與感受，即使看法與對方相左，仍然要保持客觀的視角。我們很容易陷入自己的情緒，忘了站在對方的角度思考。培養社會覺察能力可以幫助你專注觀察，汲取必要的資訊。

傾聽與觀察，是社會覺察最重要的要素。要做到仔細傾聽、觀察周遭發生的事，我們必須停下手邊愛做的事：停止說話、停止腦中的長篇大論、停止猜測對方接下來的論點、停止預演自己接下來該說的話。想要在互動過程中真正觀察對方、了解對方的想法和感受，必須經過練習才辦得到。有時候你會覺得自己像個人類學家：人類學家的工作是保持客觀態度，觀察別人在自然狀態下的行為，避免自己的想法、感受影響觀察結果。這就是社會覺察最單純的型態，差別在於你不會站在一百公尺之外，透過望遠鏡觀察人群互動，而是身處於人群當中。要培養社會覺察能力，即使身在情緒當中，你也必須關注、了解對方的情緒變化，成為人際互動當中活躍、敏銳的一分子。

社會覺察的實際案例

艾馮斯・J，藥品行銷經理

社會覺察分數＝96

與他共事的人怎麼說：

「艾馮斯有一種解讀他人情緒的罕見天分，他能適應各種不同情境，幾乎可以和任何人建立友好關係。例如他與行銷專員一起出席餐會、會議，還有一起拜訪客戶時的互動，都是很好的例子。」

「行銷專員與公司內的其他部門難免有摩擦，艾馮斯把這種狀況處理得很好。他總是保護自己手下的專員，又能夠設身處地為下屬著想，思考問題的癥結究竟在哪裡，所以艾馮斯很有人望。」

「月底、年底業績檢討的時候，艾馮斯能有效辨識行銷專員的情緒，發揮團隊的最大潛能。和醫師用餐的時候，他總能完美建立合作關係，因為他懂得如何引導對話，又不會讓對方覺得自己被人牽著鼻子走。」

瑪雅．S，組織發展部門主管

社會覺察分數＝92

與她共事的人怎麼說：

「瑪雅發現、處理重大議題的能力非比尋常，傳達難以開口的消息時，她也善於顧慮別人的感受。她懂得思考他人的情緒、改變自己的溝通方式，幫助團隊達成共識、解決問題。她深入了解同事的為人，因此更能理解別人的觀點，與對方善加合作。」

「瑪雅在主管會議中表現非常優秀，她會以尊重的態度傾聽同事的意見，再提出自己的看法。她樂於了解別人，態度也非常誠懇。她會以對方的談話內容、做事方法為基礎，提供寶貴的洞見。她能夠強化團隊內部的向心力，是位優秀的領導者。」

「瑪雅是我見過最擅長『積極聆聽』的人。表達意見的時候，她懂得傳達背後的原因和整體情況，確保對方真正理解。她尊重別人，卻又不失威嚴。她知道該怎麼鼓勵別人、激發下屬的動力，除了鼓舞人心之外，也懂得讓對方放鬆心情。」

缺乏社會覺察的實際案例

克雷格・C，律師
社會覺察分數＝55

與他共事的人怎麼說：

「克雷格應該要學著尊重別人的想法，即使他自己有更好的點子，也不該否定別人的意見。他也應該培養耐心，學著接受別人的做法雖然跟他不同，但也能達到一樣的效果。我希望他努力了解別人的想法和感受，在發表自己的意見、想辦法解決問題之前，先留心觀察整體狀況。」

「克雷格需要練習傾聽，他應該專心聽別人怎麼說，而不是思考自己想說什麼。他的肢體語言往往明顯表現出他沒在聽人說話，這點很容易惹毛別人。我也希望他代表別人提出意見的時候，表達得更精確一點。」

「克雷格不擅長交際，他太專注於工作，有時候會讓人覺得他對於別人這一天發生了什麼事絲毫不感興趣。他想到新點子（或是來自前公司的點子）的時候，總是不太擅長說明內容、說服員工接受。克雷格應該學習不只用耳朵，也用心傾聽別人。他有固執己見之嫌，不願意接受別人的論點，也不願把別人的想法納入決策之中。」

瑞秋．M，專案管理人

社會覺察分數＝62

與她共事的人怎麼說：

「瑞秋在會議中無法注意到非技術層面的狀況，她看不見整體氣氛和意見的演變。她應該學著汲取會議中非技術性、貼近人性的層面，了解別人的感受。」

「瑞秋容易過度聚焦在單一議題，結果見樹不見林，對我們這些周遭的人來說，這件事有時候很令人惱火。她常常忽略我們的反應，在她一個勁地講述計畫細節之前，應該要先確認在場的每一個人都跟上報告內容。假如能把議題劃分成幾個大區塊，而不是直接開始告訴大家細節，她會更成功。」

「在會議上或一對一的對話當中，瑞秋有時會沉浸在自己的思緒裡，沒有認真傾聽表面上的對話和弦外之音。這會降低她的影響力，因為她沒有積極參與溝通過程，錯失引導對話方向的機會。瑞秋必須學習從另一個人的觀點思考某項議題，才能更有效影響別人的看法，或是至少直接指出對方的觀點。盡可能精簡對話內容、釐清溝通目的，也會對她有所幫助，若是說明太過冗長、訊息不明確，人們容易在對話中喪失興趣，感到困惑。」

關係經營

關係經營雖然是社會能力當中的第二項構成要素，它卻與前三項ＥＱ技能，也就是自我覺察、自我管理、社會覺察有所關聯。擁有關係經營能力的人，善於運用對自己、他人情緒的理解，建立成功的人際關係，確保清楚的溝通、有效處理衝突。關係經營能力，同時也代表你長期下來與他人建立的密切聯繫。善加經營人際關係的人明白廣結人緣的好處，儘管他們並不喜歡其中某些人。穩固的人際關係值得你珍視、追尋，它關係到你如何理解他人、如何對待他人，以及你與他人共享的歷史。

與對方之間的連結越脆弱，你就越難傳達自己的想法。假如希望別人傾聽你的想法，那就必須練習關係經營的技巧，從每一段關係當中找到它為你帶來的益處，尤其不易經營的關係更是如此。單純的互動與一段人際關係的差別在於「頻率」，人際關係來自於你與對方的互動品質、互動深度，以及你在過程當中投入的時間。

對大多數人來說，面臨壓力的時候，關係經營能力也受到最大的挑戰。我們的受試者當中，超過百分之七十的人都有壓力處理上的問題，考慮到這一點，不難明白建立良好的人際關係為什麼如此困難。最具挑戰性、壓力最大的情境往往出現在職場上，當大家都消極迴避問題的時候，工作上的衝突更容易惡化，這是因為我們缺乏必要的技巧，無法開啟直截了當、有建設性的對話；假如當事人無法控制自己生氣、煩躁的情緒，選擇將它發洩到別人身上，職場上便會爆發衝突。培養關係經營能力，你就能夠迴避這兩種情況，善加運用每一次人際互動。

關係經營的實際案例

珈爾・C，財務長

關係經營分數＝95

與她共事的人怎麼說：

「珈爾有一種解讀別人情緒的天賦，她會運用這些訊息，營造出安心、開放的討論氣氛。我需要珈爾協助的時候，她的大門永遠敞開，而且即使在工作負擔沉重的時候，她仍然保持親切、專業的態度。大家都知道珈爾值得信賴，她會尊重我們私底下表達的意見，不會當成八卦往外傳。」

「珈爾對別人的感受非常敏銳，總是致力改善整體情況。有人感到煩惱的時候，她會適度提問，掌握狀況，並給予對方具體的建議和協助，百分之百能改善對方的感受。儘管你犯了錯，珈爾提出的意見回饋還是會讓你覺得自己聰明又充滿自信。她會幫助下屬進步、成長，同時也為我們示範了自信、積極表達的互動態度。」

「即使面對難以溝通的狀況，珈爾仍會盡力與所有當事人維持良好、自在的關係。在會議上，即使乍看之下雙方毫無共識，她總能找出對方關切的利益，並提出來詢問。珈爾能完美控制自己的情緒，跟她說話的時候，你總覺得她彷彿感同身受，這點讓人覺得她和你很親近、很了解你。」

艾利斯特・B，醫師

關係經營分數＝93

與他共事的人怎麼說：

「艾利斯特善於傾聽，他非常有耐心、有同理心，所以病患都很喜歡他。他努力維持客觀、信任的態度，而且不只病患，他也以相同態度對待護理師和其他技術人員。有一次，我見到艾利斯特的病患家屬問了某些難以回答的問題，他還是保持冷靜的態度回答，同時又不會讓那位家屬難堪。他總是仔細傾聽別人說的話，從來不會對人表現出厭煩、生氣的態度；他以親切的方式回應，卻又不失權威。」

「艾利斯特與人互動的技巧非常卓越，對工作結果不太滿意的時候，他從不會生氣怒罵，而是委婉說明預期的結果，並表達他的立場。我會說他是個直截了當的人，但他從不會引發衝突，語氣也從不失控。下屬表現優秀的時候，他不會吝於稱讚對方的努力與成功。他擅長觀察整體情況，然後再以同理、務實的態度傾聽別人的困擾。」

「每次跟艾利斯特談完，我都滿意得想給他打一百一十分，他知道哪些問題該小心處理，也知道什麼時候該給予鼓勵和讚美。艾利斯特非常了解自己的同事，所以能夠以冷靜、正面的態度處理糾紛。他在下結論之前，總會先傾聽大家的意見，因此受到眾人敬重。即使場上瀰漫著拒絕合作、混亂的氣氛，甚至衝突一觸即發的時候，艾利斯特都會盡力找出最好的溝通方式。他發揮同理心的能力非常優異，這一點也為他創造出正向、穩固的人際關係。」

缺乏關係經營的實際案例

大衛・M，行銷經理

關係經營分數＝66

與他共事的人怎麼說：

「如果大衛看某人不順眼，他會明顯表現出這段人際關係不值得他經營。我還是希望他投入必要的時間和資源經營人脈，才有助於贏下這塊市場。假如他覺得某位工作夥伴可能不是『同勢力』的人、不值得信任，他會把這種想法非常明確地告訴其他人。這種做法會造成漣漪效應，破壞團隊的同袍情誼。大衛深入了解、信任對方的話，做事通常很有效率，但是假如想更進一步往上爬，他必須克服這一點。」

「大衛認識新面孔的時候容易表現得過度興奮，這個特質沒什麼不好，但是有些人不會回應他的熱情，反而被他嚇跑，因此難以跟他建立關係。我希望大衛努力增進團隊的向心力，不要讓同事覺得某些決策是出於他個人的看法或成見。很多時候，同事雖然向他提出意見，也搬出確切的證據佐證，往往還是覺得自己的專業意見遭到忽視。」

「大衛常常對人不對事。他當然有權堅持自己的意見，但是不應該無緣無故否定別人的看法。他也應該根據不同對象改變溝通方式，他的表達方法總是非常直接，對某些人來說可能難以接受。」

娜塔莉・T，樓層主管

關係經營分數＝69

與她共事的人怎麼說：

「娜塔莉常看輕別人的想法和經驗。要是別人碰到不如意的狀況，她會告訴你永遠都可能發生更糟的情況、你不懂，或是你應該要克服它，給人感覺不近人情、缺乏同理心，尤其對下屬更是如此。我希望她用更真誠的態度跟下屬互動，學著肯定別人。」

「娜塔莉應該改掉處處挑剔下屬哪裡做不好的習慣，這種做法令人疲倦，只會磨耗團隊的工作熱忱，她應該學習看見別人的優點。她在公司內部風評不佳，大家都說她苛刻、難搞、很難親近。她犧牲了團隊成員的熱情，才換得自己工作上的成就。」

「我希望娜塔莉避免批評別人、詆毀她的團隊，說這種話一點幫助也沒有。看見改善空間可以幫助同仁進步，但是她沒完沒了的負面批評只像在刻意矮化別人。同事因此不再重視她的意見，有時候，他們會覺得她是想突顯自己的優越感才這麼說。」

| 第四章 |

深入剖析：EQ提升計畫

Digging In: An Action Plan to Increase Your EQ

訊息在腦部的理性中樞與情緒中樞之間傳遞，就好比城市中的車流。當你訓練自己的ＥＱ技能，雙向的交通也會更加順暢；流通的訊息量增加，便會強化理性腦與情緒腦之間的連結。你的ＥＱ是高是低，很大一部分取決於這條道路是否能保持暢通。越勤於思考自己的感受、採取有效對策，這條通道就會發展得越完善，有些人還卡在二線鄉間小路上的時候，有些人已經建設出五線道高速公路了。無論你屬於哪一種人，我們永遠都有增闢車道的空間。

神經學家將腦部改變的能力稱為「可塑性」。腦細胞之間可以開發出新的連結，就像練肌肉一樣。假如你每週練習舉幾次啞鈴，二頭肌受到鍛鍊，自然會越來越結實。這種改變是漸進式的，你堅持按表操課越久，舉起同樣的重量也會越來越輕鬆。雖然腦部位在頭蓋骨內部，不像二頭肌一樣會隨著鍛鍊隆起，不過腦細胞會發展出新的連結，加速你的思考效率。

當你運用後續章節的ＥＱ訓練策略，提升ＥＱ技能，你的理性腦與情緒腦之間數以百萬計的神經細胞，就會發展出樹枝狀的細小手臂，與其他細胞連結在一起。一個細胞可以與鄰近細胞發展出多達一萬五千個連結，這種連鎖的成長效應，可以強化掌管行為的思考通道，未來你會更容易運用這項新的技能。

我們必須反覆練習，才能將ＥＱ訓練策略吸收、內化。培養新的習慣也許勞心費神，但是只要成功訓練腦部，這個習慣就是你的了。舉例來說，假如你平常生氣的時候總會破口大罵，你就必須學習採取不一樣的反應，反覆練習許多次之後，它才有辦法取代破口大罵的衝動。剛開始，要在生氣的時候阻止自己發飆，改採其他反應，想必是難如登天。但是每成功一次，你就能強化新的思考通路，到了最後，罵人的衝動會越來越微小，毫不費勁即可忽視。研究指出，學習新技能之後，ＥＱ的改變可以持續長達六年以上。

一個細胞可以與鄰近細胞發展出多達一萬五千個連結，這種連鎖的成長效應，可以強化掌管行為的思考通道，未來你會更容易運用這項新的技能。

第八十八頁提供了ＥＱ提升計畫，可以在你探索、運用本書的ＥＱ訓練策略時當作輔助，讓你集中心力，鍛鍊最需要加強的技能。請跟隨以下步驟，完成你的ＥＱ提升計畫表：

1. 將你的「ＥＱ評量測驗」分數抄到「ＥＱ提升計畫表」第一部分：開始我的ＥＱ之旅。你可以直接把分數記錄在這本書上。

2. 挑選一個你想訓練的ＥＱ技能。

我們的腦一次只能有效集中訓練一種ＥＱ技能，即使是最有野心的人，也應該明白，一次專注於一項技能才能細水長流，而且這時的努力也會為其他ＥＱ技能打下良好基礎。ＥＱ評量測驗的報告出爐後，系統會自動為你分析出推薦你加強的技能，你也可以自己選擇一種想練習的技能。不過，假如你的四項ＥＱ技能分數都低於七十五，那最好不要從關係經營技能開始練習。

3.在你選定的ＥＱ技能當中，挑選三種訓練策略。

ＥＱ評量測驗的分析報告會解析你的得分狀況，為你推薦本書當中的訓練策略。你可以從這些推薦策略當中挑選，或是翻到你選定的ＥＱ技能那一章，自由挑選不同的訓練策略。

4.決定你的ＥＱ導師。

找一位精於這項ＥＱ技能的人，問他願不願意在你訓練ＥＱ的旅途中，定期提供意見回饋、為你解惑。記得約好固定的面談時間，把導師的名字寫在計畫表上。

5.實際運用訓練策略時，請將以下幾點放在心上：

a.只求成功，不求完美。培養新的ＥＱ技能的時候，假如你覺得自己表現「完美」，那代表你對自己的要求不夠。想要持續進步，你就必須在每一次情緒占上風的時候控制住自己。

b. 練習，練習，再練習。反覆練習，是提升ＥＱ技能的不二法門。面對各種情境、各種不同類型的人，請你盡可能多加實踐ＥＱ訓練策略。

c. 保持耐心。訓練ＥＱ需要數個月的時間，才能帶來永久的效果。大多數人開始訓練一項ＥＱ技能之後，必須經過三至六個月，才能看出明顯、長期的改變。

6. 測量進步幅度。

等到你選定的ＥＱ技能有了顯著進步，你可以上網再做一次ＥＱ評量測驗，然後完成「ＥＱ提升計畫表」的第二部分。

我的ＥＱ提升計畫

第一部分——開始我的ＥＱ之旅

完成日期：

請列出你在「ＥＱ評量測驗」當中的各項得分。

	分數
ＥＱ總評	＿＿＿＿
自我覺察	＿＿＿＿
自我管理	＿＿＿＿
社會覺察	＿＿＿＿
關係經營	＿＿＿＿

能。

挑選一項EQ技能、三項訓練策略

四種核心ＥＱ技能當中，你想先加強哪一項？在下表中圈出你選定的ＥＱ技能。

自我覺察	**自我管理**
社會覺察	**關係經營**

瀏覽這項ＥＱ技能的訓練策略，在下方列出你想實行的策略，最多三項。

我的EQ導師

身邊有沒有人精通你選定的ＥＱ技能，願意在你提升ＥＱ的旅途中提供意見回饋與建言？

我的ＥＱ導師是：＿＿＿＿＿＿＿＿

第二部分——我的旅程足跡

完成日期：

完成第二次ＥＱ評量測驗之後，請在下表分別列出第一次、第二次測驗的得分。

	第一次分數	第二次分數	變化幅度
EQ總評	____	____	____
自我覺察	____	____	____
自我管理	____	____	____
社會覺察	____	____	____
關係經營	____	____	____

挑選一項新的EQ技能、三項訓練策略

看了這次ＥＱ評量測驗的結果報告，下一步你想集中訓練哪一項技能？挑選一項新的ＥＱ技能，在下表圈選出來。

自我覺察	自我管理
社會覺察	關係經營

瀏覽這項ＥＱ技能的訓練策略，在下方列出你想實行的策略，最多三項。

我的新ＥＱ導師

身邊有沒有人精通你重新選定的ＥＱ技能，願意在你提升ＥＱ的旅途中提供意見回饋與建言？

我的新ＥＱ導師是：＿＿＿＿＿＿

| 第五章 |

自我覺察策略

Self-Awareness Strategies

簡單地說，擁有自我覺察能力，代表你了解真正的自己。一開始，你也許會覺得自我覺察是個模稜兩可的概念，沒有明確的目標，也不會有人頒一面獎牌給你，表揚你確實是個善於「自我覺察」的人。了解自我，可不僅止於知道自己是晨型人或夜貓子這麼膚淺。從裡到外了解自己是一段漫長的旅程，必須像剝洋蔥一樣剝開一層層外皮，逐漸接納最裡層的核心——也就是你的本質。

由於腦部構造的關係，面對任何刺激的時候，情緒總會在我們來得及反應之前先浮現。既然無法排除情緒，我們若想要掌握自我、經營人際關係，就必須先全盤了解自己正面跟負面的感受。

假如你沒有撥出時間留意、理解自己的情緒，說也奇怪，情緒往往會在最出人意料、最不受歡迎的時候再度浮現。情緒以這種方式提醒你注意某些重要事項，假如不加理會，它會和你對抗到底，造成的傷害也日漸累積。

面對現實、接受自己真正的樣貌，有時候是件令人不安的事情，必須擁有一顆勇於接納自我的心，才能深入了解自己的情緒與行為模式。保持耐心，任何一點微小的進步都值得鼓勵。當你開始注意到自己不為人知的一面，這就表示你的自我覺察能力進步了，雖然你不一定會喜歡這些新發現。

這一章會介紹十五項獨創的訓練策略，目的是盡可能幫助你提升自我覺察能力，為人生帶來正面改變。每一項策略都簡單易懂，附上深入淺出的說明和示範，讓你的自我覺察能力更上一層樓。

自我覺察訓練策略

1. 不以好壞區別自己的感受
2. 觀察情緒引發的連鎖效應
3. 走出情緒的舒適圈
4. 以身體感受情緒
5. 了解哪些人、哪些情境是你的地雷
6. 像老鷹一樣俯瞰自己
7. 記錄自己的情緒
8. 別受壞心情擺布
9. 也別受好心情擺布
10. 停下來問自己為什麼要做這件事
11. 溫習自己的價值觀

12. 自我檢視
13. 從書籍、電影、音樂中尋找自己的情緒
14. 尋求他人意見
15. 了解自己壓力下的反應

1 不以好壞區別自己的感受

由於人性使然，我們難免想把情緒分成「好情緒」和「壞情緒」，歸納成簡單易懂的兩類。例如，大多數人會自動把罪惡感歸類為壞情緒，我們不想要這種情緒，甚至為了這種感受苛責自己，所以總是想盡辦法擺脫它。另一方面，我們容易放縱好情緒，例如興奮、期待的感受，任由情緒高漲，從中汲取動力。

給情緒貼標籤的壞處在於，假如只顧著批評，我們永遠沒辦法了解自己感受到的情緒。當你允許自己與情緒共處，完整意識到它的存在，便能了解它背後的起因。不妄下評斷，任其發展，有助於情緒自然消散。假如評斷自己應不應該產

不妄下評斷，任其發展，有助於情緒自然消散。

生某種感受，你的情緒只會越來越累積，一開始的感受反而難以自然發展。

所以，下次感受到某種情緒開始形成的時候，請你立刻關注它，不要把它歸類為好情緒或壞情緒，提醒自己：情緒之所以產生，是為了幫助你了解某些重要的訊息。

2

觀察情緒引發的連鎖效應

想想看，假如你把一顆石頭丟進水中，會發生什麼事？墜落的石子擾動水面，漣漪往四面八方擴散。你發洩出去的情緒就像這顆石頭一樣，在你遇見的人們心中激起漣漪。情緒是驅動行為的主要動力，因此了解情緒對他人的影響是很重要的。

比方說，一位主管情緒失控，在團隊成員面前對一位下屬破口大罵。乍看之下，受傷的似乎只有挨罵的下屬而已，但是主管爆發的情緒會激起連鎖效應，影響到在場的所有人。團隊成員悻悻然走回座位的時候，辦公室裡的其他同事也會感受到主管的怒火，他們懷著心裡的疙瘩回到工作崗位，不知道什麼時候輪到自己遭殃。

主管以為罵人能收殺雞儆猴之效，有助於提升團隊生產力，殊不知下屬的恐懼會使他們的態度轉趨謹慎保守。團隊若要發揮最大潛力，成員必須甘冒風險、走出舒適區，勇於面對挑戰，沿途在錯誤中學習。但是看了主管的態度，團隊裡沒有人願意成為下一個箭靶，紛紛開始打安全牌，主管一個口令一個動作。一年後，主管由於團隊不夠積極進取，遭到扣薪懲處，他還搞不懂這些團隊成員到底有什麼問題。

我們的情緒是強而有力的武器，假如誤以為情緒的影響短暫、輕微、不值一提，只會造成自己的損失。了解連鎖效應的關鍵在於，仔細觀察其他人接觸到你的情緒之後，當下產生了哪些反應。你可以運用觀察得來的資訊，逐步了解情緒爆發之後，會造成哪些更廣泛、長遠的影響。你必須花點時間反思自己的行為，才能全盤了解情緒引發的連鎖效應，同時也必須詢問其他人，你的情緒對他們產生了哪些影響。越了解自己的情緒對外界造成哪些連鎖效應，你會越有能力選擇要在別人心裡激起哪一種「漣漪」。

3

走出情緒的舒適圈

看見真實的自我，難免會感到不自在。我們會下意識迴避這種不自在感，這就是提升自我覺察能力的最大阻礙。有些事你之所以想都沒想過，自動排除到視野之外，是因為它們浮上表面的時候可能會刺痛你。迴避這種疼痛會造成問題，因為逃避只是一時的。假如對於改變自我的行動視而不見，你永遠都無法有效控制自己。

你的目標不是迴避自己的情緒，反而應該走近它、進入它，最後穿透它，即使是比較輕微的情緒，例如無聊、困惑、期待也一樣。當你忽視、看輕某種情緒

你的目標不是迴避自己的情緒，反而應該走近它、進入它，最後穿透它。

的時候，不論它顯得多麼細微、無足輕重，你依然是錯過了有效運用這種感受的機會。更糟的是，視而不見並沒有辦法驅散情緒，它們反而會在你最料想不到的時候再度浮現。

為了活得更豐富踏實，我們都必須察覺自己傲慢的一面，了解自己拒絕學習哪些事物，又對哪些事情不屑一顧。有人覺得只有娘娘腔才道歉，因此永遠無法察覺真正需要道歉的時機。有人討厭情緒低落的感覺，所以總是以沒有意義的活動分散自己的注意力，從來沒有真正滿足過。這兩種人都需要勇敢邁出步伐、走進自己的情緒，才能激發改變的動力，否則難保不會繼續往徒勞無功、令自己不滿的方向走去，一再重複同樣的行為模式。

走出情緒舒適圈幾次之後，你很快就會發現不自在感並沒有那麼糟糕，它不會毀了你的人生，反而會帶來豐富的收穫。即使一開始我們大多只注意到自己「做錯」的地方，但是只要下功夫思考，必定有助於改變，這就是自我覺察能力令人驚訝之處。別害怕這些情緒上的「過失」，它們會告訴你應該改善哪些行為，在人生路上持續為你帶來了解自我所需的訊息。

4 以身體感受情緒

當我們感受到某種情緒的時候，電流訊號會流經腦部，觸發生理上的各種感受。這些生理反應五花八門，例如腹部肌肉緊繃、心跳加速、呼吸急促、嘴巴乾渴等。身心之間的連結是如此緊密，因此了解當下情緒最有效的方法之一，就是學著察覺情緒帶來的生理變化。

想要更了解情緒帶來的生理反應，下次獨處時，請試著閉上眼睛，感受自己心跳的速度，注意自己呼吸的頻率，留意手臂、腿部、頸子、背部肌肉放鬆的程度。然後，請你挑選生命中曾經激起強烈情緒的重大事件，正面、負面事件各一項。仔細回想其中一個事件的細節，感受自己的情緒動搖，留意這時伴隨情緒的生理變化。情緒是否改變了你的呼吸、心跳頻率？你的肌肉是否隨之緊繃？有沒有覺得比較熱或比較冷？重複上述過程，回想另一個事件的細節，留意正面、負面事件帶來的生理反應有哪些不同之處。

閉上眼睛、思考激起情緒的事件，只是為了面對真實狀況所做的練習——為了立即注意到情緒發生當下的生理訊號。一開始不必想得太複雜，保持開放的態度，留意自己的感受就好。慢慢進步之後，在我們注意到情緒帶來的心理變化以前，就會先察覺生理上的變化了。

5

了解哪些人、哪些情境是你的地雷

每個人都有地雷——怪癖、罩門、觸發點，隨你愛怎麼稱呼它。一旦有人踩到地雷，總會立刻激怒我們，逼得人直想尖叫。也許你有個同事，舉手投足彷彿整個人生是她的大舞台，她高調做作地走進會議室，享受全場目光，運用別人的注意力掌控全場氣氛。她說話比誰都大聲，發言冗長得簡直可以寫成一本小說，好像她愛死聽自己講話了。

假如你做人比較含蓄（或是也想在舞台上占有一席之地），可能真的會受不了這種人。你帶著滿滿的靈感走進會議室，本來已經坐下來準備直接切入重點，一個把會議室當戲台的假掰女絕對會氣死你。即使你不會在衝動之下破口大罵、攻擊別人，肢體語言仍然有可能表達出你的不悅，或者在開車回家的路上，你也可能發現自己深陷於揮之不去的負面情緒當中。

我們必須了解哪些人為什麼會踩到自己的地雷，才能培養出掌握類似情境、保持冷靜的能力。要活用這項訓練策略，不能光以籠統的方式思考這件事，必須明確地找出會刺激我們情緒的人物和情境。各式各樣的人事物都可能觸發我們的地雷，也許是特定的某種人（例如做作女），或是特定的情境（例如令人害怕、毫無防備的狀況），也可能是環境因素（例如吵雜的辦公室）。明確了解自己的地雷在哪裡，這些人事物就不會再讓你措手不及，也就不會顯得那麼棘手了。

假如可以剖析地雷的根源，自我覺察能力會往前邁進一大步。為什麼這些人物、情境使你如此煩躁，其他一樣擾人的人物或情境，你卻毫不在意？也許做作女令你想起自己的姊姊，小時候姊姊奪去了長輩所有的關愛，你活在她的陰影裡這麼多年，發誓再也不讓同樣的事情重演。現在每次開會，坐你旁邊的女人卻像是姊姊的翻版，怪不得她是你的地雷。

摸清地雷背後的原因，才能控制自己面對觸發點的反應。現在，你的任務很簡單：找出地雷的根源，列成一張清單。先了解自己的地雷，你才能運用後文的自我管理、關係經營訓練策略。

6 像老鷹一樣俯瞰自己

老鷹擁有俯瞰全局的優勢，牠們能盤旋在數百公尺的高空，看見地面上發生的所有事情。地面上的生物一輩子只能看見狹窄的視野，甚至沒有發現老鷹在上空盤旋，對牠們的一舉一動瞭若指掌。面對難以掌控的棘手情境，假如我們能當一隻老鷹，從高處俯瞰全局，那不是很棒嗎？想想看，假如翱翔到高處，你會看見多少景色、懂得多少道理？擁有客觀的視角，我們就能擺脫情緒的掌控，明確知道自己該採取什麼行動，才能創造正面的結果。

雖然我們不是老鷹，但是一樣可以從更客觀的角度了解自己的行為。你可以練習在狀況演變的同時，留意自己當下產生的情緒、想法、行為。歸根究柢，我們的最終目標是放慢速度、汲取眼前的所有訊息，在採取行動之前，留時間給腦部分析手邊所有的資訊。

舉個例子好了，假設你有個青春期的兒子，週五晚上的門禁時間已經過了兩個小時，他還沒有回家。你坐在客廳沙發上，也不開燈，在一片黑暗中，等著兒子慢條斯理地開門進來，掰一個創意十足的藉口給你，解釋他為什麼沒有準時回家，又不接電話。你坐在那兒，想著兒子有多不聽話，害你為這件事損失了幾小時的睡眠時間，越想越氣。沒過多久，你已經忘了，自己生氣的真正理由，其實是擔心孩子的安危。你是希望他遵守規矩沒錯，但你之所以難以成眠，是擔心他在外惹是生非。

想在這種情況下，用老鷹的視角觀察自己，你必須善用這段暴風雨前的平靜時光。一聽到兒子缺乏說服力的藉口，你的怒火一定會馬上爆發；但是你也知道，假如想辦法讓兒子看見、感受到你的憂心，他更有可能乖乖遵守規矩。這時候，你就需要思考從高空俯瞰這個局面是什麼模樣了。你會發現，坐在這兒悶想只是把怒火搧得更旺，而且你也記得他是個好孩子，只是最近的行為舉止太像個典型的叛逆青少年。你知道大發脾氣不會改變他的行為，這招從來沒效。現在，你看清楚整體情況，決定理性說明為什麼要處罰他，你又為什麼會如此生氣，而不是直接大發雷霆。等他終於躡手躡腳地摸進家裡，在一片黑暗中推倒茶几上的檯燈，你心裡多慶幸自己能看見整體局面，而不只是眼前所見。

7

記錄自己的情緒

培養自我覺察能力最大的挑戰，就在於客觀的視角。當每一天都像個新的挑戰，我們很難客觀審視自己的情緒與行為模式。這時不妨善用日誌，記錄哪些事件引發了強烈情緒，以及我們當時做何反應。

不論是職場上、家庭中的情緒都應該記錄下來，這方面不必設限。只消一個月，你就會看出情緒當中的規律，也會更了解自己的行為模式。你會知道哪些情緒害你心情低落，哪些情緒激勵人心，哪些情緒你最難忍住。仔細留意哪些人、事、物會踩到你的地雷，引發強烈的情緒。記下你每一天感受到的情緒，也別忘了記錄伴隨情緒而來的生理感受。

培養自我覺察能力最大的挑戰，就在於客觀的視角。

記錄下自己的情緒，除了有助於認識自我之外，也會更容易記得自己的行為模式。此外，翻看過去的日誌，也可以看出自我覺察能力提升了多少。

8

別受壞心情擺布

我們時不時受到壞心情擺布，情緒憂鬱頹喪，覺得諸事不順，這時候低氣壓總會像烏雲一樣，籠罩所有思緒、感受、經驗。腦部麻煩的地方在於，一旦負面情緒掌握主控權，我們會看不見生命中美好的事物，眨眼之間，我們開始痛恨自己的工作，對家人朋友失望透頂，不滿意自己的成就，對未來的樂觀想像一去不復返。內心深處，我們清楚事態沒有表面上看來那麼糟，但我們的腦就是不聽勸。

即使無法完全改變負面情緒，了解自己正在經歷的狀況也是自我覺察的一部分。請你承認是壞心情把眼前所見的一切都蒙上一層灰，提醒自己，壞心情不是永久的。情緒每分每秒都在改變，假如你願意放寬心胸，低落的情緒終會過去。

深陷低氣壓當中的時候，不太適合做出關鍵決策。要防止壞心情害你犯下更絕望的錯誤，你必須清楚掌握、意識到自己的情緒狀況。不妨回想看看這種壞心情可能是由哪些事件造成的，思考情緒來源不僅無傷大雅，更是個絕妙的好主意，只要你別太鑽牛角尖就好——因為找出源頭之後，情緒往往就會自然消散了。

9

也別受好心情擺布

並不是只有壞心情和負面情緒會造成麻煩，好心情同樣會蒙蔽我們的思考。在我們最亢奮、快樂的時候，也容易採取後悔莫及的行動。

想想看，以下這種情況是不是很熟悉呢？你最愛光顧的店家正在週年大特賣，全店下殺二五折起，你在打折當天衝進店裡，最後買下了各式各樣你一直想要卻買不起（至少無法一口氣買下）的東西。倉促消費的興奮感持續了整個禮拜，你四處向家人朋友炫耀戰利品，宣傳這次買得多划算。等你月底收到信用卡帳單，可就笑不出來了。

好心情當頭的時候，容易犯下的錯誤可不只有亂花錢而已。好心情帶來的亢奮感和源源不絕的動力，會將我們接觸到的所有事物蒙上一層美好面紗，導致我們更容易衝動行事，疏於顧慮潛在風險。請提防你的好心情，避免它害你做出愚蠢的決定，才能樂在其中，不會到了事後追悔莫及。

10 停下來問自己為什麼要做這件事

情緒愛來就來，不顧我們的意願。試著找出情緒的來源，可以大幅提升自我覺察能力。養成習慣，停下來問問自己，為什麼這些始料未及的情緒會出現，你又為什麼會做出失控的舉動？情緒之所以出現，有個重要目的，那就是為你帶來了解自我的線索。但是不花點時間問自己「為什麼」，你永遠無法參透其中奧祕。

大多數情況下，了解自我真的就只是這麼簡單。但是，當你必須自立自強的時候，每一天總是過得飛快，幾乎沒有時間思考自己行動的原因。做點小練習，你就能追蹤情緒反應的源頭，了解情緒背後的意義。這項訓練策略的驚人之處在於，只要留意自己的情緒、問自己下列問題，就足以增進自我覺察能力：你記不記得自己第一次採取類似反應是什麼時候？當時的對象是誰？當時的狀況與這次有哪些共通之處？是不是任何人都可能刺激你做出這種反應，還是只有特定的人物才會？越清楚了解自己行動的原因，你會越有能力阻止情緒掌握主控權。

11

溫習自己的價值觀

生活像是耍雜技，我們總要一口氣平衡那麼多轉動的盤子：手上的專案、開不完的會、帳單、雜務、電子郵件、電話、簡訊、家事、三餐，還要撥出時間與家人朋友團聚……這清單沒完沒了，光是不讓盤子掉到地上，就足以費盡心力。

要維持這個平衡，我們必須將注意力持續集中於外界，以致於沒有關注到自我與內在。我們東奔西走，努力勾銷每天的待辦事項，這時候很容易忽略最重要的事情——也就是我們的核心價值與信念。也許在意識到這件事之前，你早已發現，自己內心深處並不認同當下做的某些事、說的某些話。例如，也許你平常認為態度惡劣非常不可取，卻發現自己在衝動之下對犯錯的同事破口大罵。假如怒罵同事牴觸了你心目中理想的價值觀，發現自己做出這種事一定會讓你很難受，甚至對自己失望透頂。

改善這個問題有個小竅門，那就是花點時間與自己對話，寫下你的核心理念與價值觀。你可以問自己：我希望自己在人生中遵守哪些價值觀？拿一張紙，劃分出左右兩欄，在左欄列出你的核心價值與理念，右欄則寫下自己最近不理想的行為或發言。你最重視的價值，是否與你的行為一致呢？假如答案是否定的，請你思考在同樣的情境下該怎麼說、怎麼做，才能成為值得自豪的自己，或是至少不會感到那麼難受。

你可以天天做這項練習，也可以每個月做一次，持之以恆，你的自我覺察能力會有長足的進步。過不久，你在採取行動之前就會開始回想自己列出的價值觀，這個習慣可以幫助你做出自己認同的選擇。

12

自我檢視

一般來說，自我覺察是內在的能力，不過有時我們還是需要外在的線索，才能知道內在發生什麼事。毫無疑問，感受會牽動外表，我們的臉部表情、儀態、行為舉止、衣著，甚至是髮型，都是了解當下情緒的重要線索。

外表比較簡單易懂，衣著打扮會清晰、明確地表達出你的感受。舉例來說，每天都穿著舊運動褲和破T恤、披頭散髮，就像在告訴全世界你已經放棄了；反過來說，如果到每個場合都過度打扮，每週絕對要上髮廊一趟，別人一看就知道你努力過頭了。行為舉止也會表達出你的心情，但是這方面的訊息往往會遭到扭曲。假如第一次與人見面，擔心對方不知道會採取什麼態度，很多人在這種情況下都會表現得比較冷漠，或是過度熱情。

面對類似情況的時候，最重要的是察覺自己的情緒，思考它對你的行為舉止有什麼影響。你向外界表現出來的面貌，究竟是有意選擇的，還是情緒創造出來的，抑或是順應自然的產物？你的外在表現反映了你的感受，是否能了解它全操之在你。時不時花點工夫自我檢視，你就能在情緒造成一整天的影響之前，早一步了解情緒。

13

從書籍、電影、音樂中尋找自己的情緒

假如你觀照內在、尋找情緒的規律與傾向時遇到困難，不妨試著向外尋找相同的資訊，看看引起你共鳴的電影、音樂、書籍等等。一首歌的歌詞、氛圍引發你的共鳴，代表它表達了你的感受；電影、小說中的人物停留在腦中揮之不去，很有可能是他的想法、感受和你有共通之處。遇到這些情況時，不妨仔細思考，它們可以教會你很多事情。想向他人描述自己的情緒時，這些作品也是最好的輔助工具。

在藝術表現之中尋找自己的情緒，能讓你更了解自己，也讓你有機會察覺平常難以表達的情緒。有時候就是得看見別人的表達方式，我們才說得出自己的感覺。聽音樂、閱讀小說、看電影，甚至欣賞藝術作品，都可能是了解內心深處情緒的途徑。下一次，假如這些作品吸引了你的目光，不妨看得更仔細一點——你永遠不知道會遇見什麼驚喜。

14

尋求他人意見

我們觀看眼前的一切都是透過自己的濾鏡，包括自我審視的眼光也一樣。問題在於，這層濾鏡受到我們的個人經驗、信念影響，無庸置疑，也有情緒的影響。有了這層濾鏡，我們就不可能以客觀的角度審視自我。一般來說，我們眼中的自己和別人眼中的我們一定有不少出入，這兩者之間的差距，等於是建立自我覺察能力的豐富資源。

自我覺察是了解自己的過程，方向不只由內而外，我們也可以從外界的訊息了解自己。要獲悉難以捉摸的客觀觀點，唯一的辦法是保持開放的態度，尋求別人的意見，問問朋友、同事、導師、主管、家人都可以。詢問他人意見時，記得請他們告訴你確切的情境與實例。蒐集各方答覆之後，請你比對這些訊息，找出其中的共同點。了解別人的觀點，你會看見別人經驗到的你是什麼模樣，很可能為你帶來意外的啟發。把別人眼中的你拼湊在一起，你會更容易看見自己的全貌，了解自己的情緒與反應是如何影響別人。鼓起勇氣換個角度審視自己，你的自我覺察能力會大有突破。

自我覺察是了解自己的過程，方向不只由內而外，我們也可以從外界的訊息了解自己。

15 了解自己壓力下的反應

生活中的壓力源只會越來越多，每當壓力忍受度提升到新高，我們（或是旁人）總是又不斷對自己施壓，逼迫自己承受更多壓力。隨時待命的高科技產品也無法減輕壓力，只會加快我們的生活步調。大多數人都知道自己面臨壓力的時候會出現某些警訊，問題在於：你有聽從身體的警告嗎？

學習辨認壓力的初期徵兆，會為你帶來很大的幫助。人類的身心有自己的聲音，面臨壓力的時候，身體會透過情緒、生理上的反應，提醒你該停下腳步、休息一下了。舉例來說，腸胃不適可能是身體被緊張、焦慮感占據的徵兆，隨之而來的消化不良、倦怠感，則是身體撥出時間休息的方式。每個人的生理徵兆不同，也許你面臨焦慮的時候會腸胃不舒服，其他人可能會頭痛欲裂、嘴破、腰痠背痛。壓力當頭的時候，你的自我覺察能力應該扮演第三隻耳朵的角色，幫你聆聽身體的求救訊號。你太過勉強自己的時候，身體也會產生相對的反應，請你花點時間辨識這些訊號，幫情緒充飽電，免得壓力造成生理系統永久的損傷。

| 第六章 |

自我管理策略

Self-Management Strategies

擁有自我管理能力，代表我們能夠善用自己對情緒的理解，主動選擇自己的言行舉止。自我管理乍看之下好像很簡單，彷彿只要在強烈情緒來襲的時候深呼吸，控制住自己就好。確實沒錯，面對這種情況的時候，自我管理能力舉足輕重，但是自我管理可不只是在情緒即將爆發的時候把瓶口塞起來這麼單純。情緒爆發就像一座火山，岩漿還沒有噴發之前，地表下會先開始轟隆作響。

我們無法以人為方式改變火山噴發，不過情緒可不一樣。日常生活中，只需要舉手之勞，我們就可以改變「地表下」發生的事情，唯一需要學習的是如何辨識地底下轟隆作響的聲音，然後給予回應。自我管理是建立在自我覺察的基礎上，想要建立有效的自我管理能力，紮實的自我覺察能力不可或缺；畢竟唯有先意識到自己的情緒，才能主動選擇如何加以回應。由於腦部構造使然，人類在還來不及反應之前，一定會先感受到情緒波動。既然如此，是否能迅速解讀情緒、採取恰當反應，就是決定自我管理能力高下的唯一關鍵。擁有良好的自我管理能力，我們就不會做出扯自己後腿的行為，斷送自己的成功之路；同時也保證我們不會妨礙到別人，惹人怨恨、嫌棄。一旦了解自己的情緒，能夠主動選擇回應情緒的方式，面對棘手的情況，我們就擁有控制場面的能力，能臨機應變，為了達成目標率先採取行動。

培養出自我管理能力之後，我們就能迅速判斷自己的情緒，在自己衝向錯誤方向之前抓好韁繩，保持靈活應變的能力，選擇以正向、有效的方式回應困難的處境。假如沒有停下來思考自己的感受，從不考慮情緒對你現在、未來的行為產生哪些影響，你會時常為情緒支配所苦。不論你是否意識到情緒的存在，它都一樣會控制你的行為，你會被情緒牽著鼻子走，沒有機會選擇自己該表現出什麼樣的言行舉止。

這一章，我們整理出十七項具體的訓練策略，幫助你管理情緒、讓它們為你帶來益處，而且全都是今天就可以著手實行的事情。每一項策略都簡單明瞭，分別以改善自我管理技能當中的一項要素為目標。這套訓練策略經過精心規畫，是我們多年來的心血結晶，經過了無數人的測試，證實它有助於增進自我管理能力。

每當你精通一項訓練策略，將之融入日常生活當中，你有效回應情緒的能力也會顯著提升。當然，不論管理情緒的技巧有多高明，永遠還是有些情況會踩到你的地雷。你的人生不會像童話故事一樣，就此成為平順無阻的坦途，但是你確實可以培養出足夠的能力，掌握自己人生的主控權。

自我管理訓練策略

1. 正確呼吸
2. 製作情緒vs.理性表
3. 公開宣告你的目標
4. 數到十
5. 沉澱一下再行動
6. 找個擅長自我管理的人談談
7. 笑容多多益善
8. 每天撥出一點時間解決問題
9. 控制自我對話
10. 想像自己成功的情形
11. 維護睡眠品質

12. 多想想自己擁有哪些自由，而不是無法改變的侷限
13. 維持肢體語言與情緒一致
14. 找個與你的問題不相干的人聊聊
15. 從每個人身上學會寶貴的一課
16. 安排充電時間
17. 接受改變隨時可能發生

1

正確呼吸

大多數人的呼吸短而淺，呼吸過程中沒有完整收縮橫膈膜，空氣無法完全充滿肺部。也許在不知不覺當中，你也以這種呼吸方式度過每一天。有什麼關係，反正人又不會因為這樣缺氧……至少你是這麼想的。肺部容納的空氣量剛剛好可以提供體內所有器官有效運作，所以呼吸短淺的情況下，你的身體就沒辦法完整獲得所需的氧氣。如果在吸進空氣的時候，你的腹部沒有往外擴張，就代表呼吸太短、太淺了。

腦部的氧氣需求占了全身供氧量的百分之二十，有了這些氧氣，腦部才能維持呼吸、視覺等基本功能，以及思考、管理情緒等較複雜的功能。腦部會優先將氧氣分配給基本功能以維持生命，剩下的氧氣則用於複雜功能，讓你保持警覺、專注、冷靜。短淺的呼吸會導致腦部氧氣不足，造成注意力不集中、健忘、情緒波動、躁動不安、憂鬱、焦慮、無精打采等症狀。簡而言之，短淺呼吸會阻礙你的自我管理能力。

下次碰到高壓、情緒化的場面時，請你專注於放慢、拉長呼吸步調，由鼻孔吸氣，直到腹部鼓脹、緊繃為止，然後從嘴巴緩緩吐氣，將所有空氣呼出體外。吐氣的時候，請你把所有空氣從身體裡推出去，肺部完全排空。如果想確定自己的呼吸方式正不正確，呼吸的時候可以將一隻手放在胸骨上（就是胸口中間又長又平的那根骨頭），另一隻手放在肚子上。吐氣的時候，假如肚子上的手掌移動幅度比胸口大，就代表你吸進了足夠的氧氣，可以完全充滿肺部。持續練習，你用正確方法呼吸時也會越來越自在，不會被在場的其他人發現，面對棘手狀況的時候正好可以派上用場。

以正確的方式呼吸，幫腦部充飽氧氣，你會馬上注意到它的效果。很多人說這種感覺就像進入更冷靜、更放鬆的境界，頭腦也更清楚了。正確呼吸是幫助情緒管理最簡單、卻最有效的技巧之一，而且隨時隨地可以運用。這種呼吸方式除了可以立即啟動理性腦之外，也可以轉移注意力，幫你擺脫頑強、惱人、負面的想法。不論是交期將近，焦慮感和壓力快要把你壓垮，或是往事帶來的負面想法和情緒揮之不去時，矯正自己的呼吸方式都可以平靜情緒、啟動理性腦，讓你好過一點。

2 製作情緒vs.理性表

也許有時候你沒發現，其實情緒牽著你往某個方向走的時候，理性常常在背後拉著你的衣角，要你往另一個方向走。假如你發現自己的情緒腦和理性腦爭執不下，這時候就該列出一張表格，把情緒和理性的論點區隔開來。這張表格有助於釐清思緒，你會活用手邊的所有知識，考量情緒的重要性，同時又不會放任情緒奪走主控權。

製作情緒vs.理性表格一點也不難，請你拿一張紙，在中間畫一條直線，區分出左右兩欄。請在左欄寫下情緒腦叫你做的事情，右欄則寫下理性腦叫你做的事情。寫好之後，請你回答以下兩個重要的問題：情緒妨礙了你的哪些判斷？理性又忽略了情緒帶來的哪些重要訊息？假如你拋開理智，盲目跟著情緒走，情緒確實是個大麻煩沒錯。但是，要是你打算完全割捨情緒，把自己變成沒有感情的機器人，那理性思維也一樣會造成問題。不論你有沒有意識到情緒的存在，它永遠都在那裡。這張表格能讓你用白紙黑字，將情緒寫下來，促使你面對自己的情緒。

下次碰上麻煩、壓力臨頭，心裡覺得難受的時候，不妨拿一張紙寫下你的情緒vs.理性表，給自己一點安靜的時間整理思緒。看著眼前的表格，你會更容易判斷現在該傾向情緒還是理性那一方。

3

公開宣告你的目標

說到做到不簡單，尤其老天爺又總愛丟變化球給你打。有時候最令人失望的是個人因素——我們沒有達到目標，沒有完成自己立志要做的事情。公開宣告你的目標，是達成目標最有效的動力。明確告訴別人你想要達成什麼目標，不論告訴朋友、家人、伴侶都好，一想到他們緊盯著你的成果，就會帶來強烈的責任感。

自我管理很大一部分取決於動力，不妨善用他人的期待鞭策自己前進。假如老闆把一整個專案交給你處理，或是朋友每天早上五點整準時和你一起慢跑……事情不只牽涉到自己一個人的時候，我們總是比較勤快。把目標告訴別人的時候，盡量找那些會注意你有沒有進步的人，請對方監督你的成果，看你有沒有為自己的宣言負責。你也可以把獎懲的權力交給對方，比如有一位大學教授就訂下規矩，每當他遲交一篇論文，就要付給同事一百美金。沒錯，就像你想的一樣，他是幾乎不拖稿的稀有人物！

自我管理很大一部分取決於動力，不妨善用他人的期待鞭策自己前進。

4 數到十

感謝幼稚園老師！那時候我們還懵懵懂懂，盤腿坐在教室中的巧拼上，卻已經學會了平靜情緒最有效的技巧之一。說也奇怪，長大成人之後，我們反而容易忽略某些簡單卻深奧的自我控制技巧。

你該做的事情很簡單：感到煩躁、生氣的時候，請你深深吸一口氣，吐氣的同時，在心裡默數「一」。接著繼續深呼吸，一路數到十。數到十、深呼吸的過程能放鬆身心，防止你衝動行事，你可以運用這段時間恢復冷靜，更加理性、透徹地觀察全局。

有時候你可能沒辦法數到十。比方說，假如會議當中有人突然說出不經大腦的蠢話，打斷你發言，這時候你的血壓都飆得那麼高了，怎麼可能坐在那裡靜靜數到十？不過，即使來不及數到二位數，你還是可以用這個方法牽制煩躁、憤怒的情緒，稍微冷卻你過熱的邊緣系統，為理性腦爭取一點寶貴的時間。

假如你需要在不被別人發現的前提下數到十，有許多方法可以掩人耳目。有些人會在每次開會時自備茶水，覺得情緒化的發言快要脫口而出的時候，就可以喝一口水。喝水的時候沒有人會強迫你講話，這麼一來就可以爭取到一些時間平靜情緒（需要的話也可以在心裡默數），重新組織思緒，擬出比較有建設性的發言。

未經思索衝動回應，只會把情緒腦的怒火煽得更旺。以暴躁的態度回嘴，往往導致爭執越演越烈，雙方針鋒相對，在這種火爆場面下，我們的行為很容易被情緒支配。試著放慢步調，集中精神默數，有助於喚醒我們的理性腦，重新控制住自己，不讓情緒為所欲為。

即使來不及數到二位數，你還是可以用這個方法牽制煩躁、憤怒的情緒，稍微冷卻你過熱的邊緣系統，為理性腦爭取一點寶貴的時間。

5

沉澱一下再行動

托爾斯泰不朽的經典作品《戰爭與和平》當中寫道，時間與耐心是最強大的戰士。它們之所以所向無敵，是因為能夠改變局勢、沖淡痛苦、帶來清晰的判斷能力。考驗耐心的狀況，有時候就是如此令人煩悶、焦躁、不滿，導致我們草率行動，只求減輕內心混亂的情緒。但是大多數時候，只要在行動之前多給自己一天、一星期、一個月的時間沉澱，你往往就有辦法做出理性的判斷。在你靜觀其變的這段期間，也可能有額外的訊息浮現，如此一來也更容易下決定了。

時間有助於自我管理，因為它會帶來清晰的視野與洞察力，在你腦海中成千上萬的思緒裡頭找出重要的訊息。時間也會幫助你控制情緒，畢竟你也知道，要是放任某些情緒撒野，它們會牽著你往錯誤的方向走。事情就是這麼簡單，你只要在採取行動之前，強迫自己等待塵埃落定就可以了。

6 找個擅長自我管理的人談談

人生的榜樣五花八門，以意想不到的方式為我們帶來影響。學習自我管理最有效的方法之一，就是尋找身邊的自我管理大師，向他們學習箇中祕訣。

大多數人之所以出現ＥＱ上的弱點，其實只是因為某些技能不容易學習所致。天生ＥＱ技能優秀的人，通常都很清楚自己哪些部分做得好，因此向他們學習會顯得容易許多。

首先，請找出一位你心目中的自我管理大師。假如沒有把握判斷別人的自我管理能力高低，你隨時可以請對方做本書內含的ＥＱ測驗。不妨邀請那位自我管理高手吃個飯、喝個咖啡，告訴他你想增進這方面的技能，請他在見面之前先看看本書討論自我管理的章節。見面的時候，請你提出自己培養自我管理能力的明確目標，同時請教對方運用了哪些技巧，才能達成如此優秀的自我管理。記得和對方分享最困擾你的情緒或狀況，保證你會學到幾招自我管理的獨門妙技，這是其他地方絕對學不到的。散會之前，請你寫下最中意的幾項祕訣，從中挑選現在就可以開始嘗試的方法。最後，請問問看你的自我管理大師，能不能等你實踐過這些建議之後，隔一段時間再跟他見個面。

7

笑容多多益善

你知道嗎？當你大笑、微笑的時候，臉部會送出信號，告訴腦部你現在很快樂。腦部會回應臉部的神經與肌肉，決定你當下的情緒狀態。這對於自我管理來說代表什麼意思呢？這也就是說，在你覺得煩躁、難過的時候，強迫自己露出微笑，就可以對抗負面情緒。假如你在服務業工作，或是面對其他場合，需要在狀況不佳的時候表現出開朗的態度，不妨往臉上掛起大大的笑容（兩頰往上提），欺騙腦部換上你現在需要的情緒。

法國一所大學的學者曾經針對笑容的力量做過實驗。他們讓兩組受試者分別閱讀報上的同一篇漫畫，第一組受試者閱讀時必須以牙齒咬住一枝鉛筆（這個動作會活動到微笑時使用的肌肉），另一組則是以嘴唇含住鉛筆（不會活動到微笑使用的肌肉）。兩組受試者比較下來，在不知情的狀況下露出「微笑」的那一組更覺得漫畫幽默逗趣，也更享受這段閱讀時光。

看搞笑節目、讀好笑的書也能達到相同效果，笑容和笑聲可以提振你的情緒。在沮喪的時候做這些事，乍看之下有點另類，但確實是蓋過負面情緒、清空混亂思緒的好辦法，尤其在情緒影響到你的判斷力時，更應該試試這招。笑容和笑聲不會消除沮喪的感受，也不應該消除，因為每一種情緒都有它出現的道理。但是知道自己必須擺出笑臉的時候還有這招可以派上用場，還是令人安心不少。

知道自己必須擺出笑臉的時候，還有這招可以派上用場，令人安心不少。

8

每天撥出一點時間解決問題

一個人每天都會產生上百種情緒，其中甚至有些情緒你從來沒有注意到。我們每一天都在情緒與情緒之間匆忙來去，導致我們可能在不適當的時機做出某些決定。

回想最近的幾次決策，你一定會發現，那些在匆忙之中做出的決定，很少和經過規畫、清楚思考過的決定發揮一樣好的效果。想要為自己確保適當的空間、做出良好決策，唯一的辦法就是安排一段時間，專門用來解決問題。不必想得太複雜，只要每天撥出十五分鐘的時間，固定關掉手機、離開電腦，保留一段單純的思考時間，這就是確保你在決策過程中不受情緒左右的好方法。

9

控制自我對話

根據研究顯示，一般人每天大約會產生五萬種想法。聽起來很多嗎？還不只這樣，每當內心產生某種想法的時候，腦部就會合成化學物質，連帶觸發全身的反應。無論在生理或心理上，想法和感受之間的關係都非常密切。由於我們隨時隨地都在思考（就像呼吸一樣），我們往往不會發現自己在做這件事。你可能根本沒有意識到每一天、每一個小時裡，你的想法對情緒產生了多麼重大的影響。

我們不可能追蹤每一種想法，一一測試它對於情緒有哪些正面或負面影響，不過在所有的想法當中，就屬你的「自言自語」最具影響力。也許你不一定會注意到自己產生了這些想法，不過每個人腦中都有個對自己說話的聲音，影響我們對各種事物的看法。我們會提醒自己保持安靜，完成某項工作的時候誇獎自己，做出愚蠢決定的時候責怪自己。這些想法每天都對我們「說話」，腦海中的這種聲音就稱為「自我對話」。

想法是調節情緒的主要手段，你可以透過想法刺激情緒浮出表面、往內在壓抑情緒，或是強化、延長任何情緒上的經驗。面對一陣突然湧上的情緒，你的想法可以煽動它，也可以使它平息。學著控制自我對話，即可將注意力集中在正確的事物上，更有效管理你的情緒。

自我對話大多數時候都是正面的，在日常生活中扮演輔助的功能（「我該準備開會了。」或是「好期待今天晚上的聚餐！」）。但是，一旦出現負面的自我對話，則會破壞我們自我管理的能力。負面的自我對話不切實際，對於改善狀況也沒有幫助，反而把你捲進情緒的惡性循環當中，更難達成人生中追求的目標。

以下是幾種最常見的負面自我對話，以及控制、翻轉它們的訣竅：

1. 將「我總是……」或「我永遠做不到……」改成「只有這次」或「偶爾」。

不論你覺得自己有多常把事情搞砸，每一次你採取的行動，都隨著當下的情境而不同。請確保你的想法也一樣實事求是，將每一件事獨立看待，不要為了每一項過失苛責自己，才不會再讓問題惡化。

2. 將偏頗的批評（例如「我眞是白癡」）代換成事實描述（例如「我做錯了」）。辱罵只不過是在自己身上貼標籤，無法創造出改進的空間。事實描述更客觀、更符合需求，同時幫助你將注意力集中於可以改善的部分。

3. 爲自己的行爲負責，不把別人的行爲當成自己的責任。

彼此推託怪罪，與負面的自我對話密切相關。假如你常常認為「這都是我的錯」或「都是他們害的」，大多數情況其實都不是這麼回事。為自己的行為負責的確值得嘉許，但是你不該把別人的責任扛到自己肩膀上。同樣的道理，假如你老是怪罪別人，是時候該學著負起自己的責任了。

10 想像自己成功的情形

這項訓練策略乍看之下好像太簡單了，卻能帶來驚人的效果。我們必須經過大量練習，才能培養自我管理能力，但是最棘手的情境往往不會那麼常出現，所以我們得折騰許久，才有辦法建立新的神經傳導路徑……不過，假如你學會善用想像力，那就沒有這個困擾了。

我們的腦很難分辨雙眼實際看見的情景和想像中的情景。事實上，一個人觀看夕陽時的腦部磁振造影影像，幾乎和同一個人在腦中想像夕陽西下的腦部影像一模一樣，這兩種情況活化的腦區都是相同的。

想像自己成功管理行為與情緒的情形，是練習新的ＥＱ技能、養成習慣的好方法。要讓這個方法發揮效果，應該找個沒有干擾的地方進行想像，才能完全沉浸於自己腦海中建立的情境。晚上睡覺前是很適合想像的時間，請你閉上眼睛，想像你最難控制住自己的情境。集中想像這個狀況下最容易讓你失控的細節，想像你在這種場合實際會聽見的聲音、看見的景象，在腦海中喚起相同的情緒。接下來，請你想像自己採取理想中的反應，例如在重要場合保持冷靜，以自信的態度報告，或是冷靜應對踩到你地雷的人，諸如此類。想像自己做出對的行為、說出對的話，感受它帶來的正面情緒與滿足感。以這種方式為一天收尾還不錯吧？你可以每天晚上用這個方法練習，假如又碰到其他難以應付的狀況，再把它納入訓練當中。

11

維護睡眠品質

我們必須有耐心、靈活思考、保持警覺，才有辦法維持良好的自我管理能力。假如沒有睡好，我們馬上就會喪失這些特質。晚上睡久一點也許有助於改善自我管理能力，但是並不一定。睡眠品質才是保持警醒、集中注意力、身心平衡的關鍵，因此我們必須維護良好的睡眠品質。

我們睡覺的時候，腦部會開始充電，整理這一整天的記憶，選擇加以儲存或拋棄（所以我們才會作夢），讓我們頭腦清晰、神清氣爽地起床。腦部在睡眠時瞬息萬變，腦中必須經過重重複雜的處理循環，我們睜開眼睛的時候才會覺得精神飽滿。跟著以下幾個步驟，你也可以促進大腦的處理過程，維護良好的睡眠品質。

1. 早上照二十分鐘的陽光。

眼睛至少需要二十分鐘上午的陽光（陰天也沒關係），才能重設體內的生理時鐘，讓你在晚上更容易入睡。這時我們需要沒有經過窗戶或太陽眼鏡過濾的陽光，所以上班路上，請你拿下太陽眼鏡、搖下車窗，或是在午餐前找時間到戶外稍微走走。

2. 睡前兩小時關閉電腦。

電腦螢幕位於你的臉部正前方，光線持續往眼睛照射，造成類似太陽光的效果，容易混淆腦中的生理時鐘，造成入睡困難、破壞睡眠品質。

3. 床鋪專供睡覺用。

想要一沾到床就入睡，最好的辦法就是不在床上工作、看電視。把床鋪專門留給睡覺時間，你的身體也會有所回應。

4. 避免攝取咖啡因，尤其別在中午以後喝咖啡。

咖啡因的半衰期是六小時，所以假如你早上八點喝了一杯咖啡，到了晚上八點，還有百分之二十五的咖啡因留在體內。咖啡因會讓你保持清醒、無法入睡，而且會嚴重破壞睡眠品質。最好完全不要攝取咖啡因，如果真的要喝，至少只在上午喝一點點就好。

12 多想想自己擁有哪些自由，而不是無法改變的侷限

「人生不公平……你沒有辦法改變現實……一切都是天註定。」爸媽老愛把這些話掛在嘴邊，深植到孩子腦海裡，簡直像是有什麼爸媽教學手冊教他們非這麼做不可。父母忘了告訴你，你永遠保有選擇權——你可以選擇如何回應眼前的一切。也許在某些狀況中，不論你說什麼、做什麼都無濟於事，但你永遠有權改變自己的觀點，到最後，觀點也會影響你對這件事的感受。

我們常常無力改變某些情況，也無法影響牽涉其中的各方勢力，但是這不代表我們應該放棄。當你開始覺得自己沒有掌控權的時候，請仔細審視自己如何回應這個情境。假如一直想著自己的侷限，不只令自己洩氣，同時還會助長負面的情緒，加重無助感。不論面臨什麼樣的狀況，你應該為自己能掌控的事物負責，集中心力維持靈活、開放的態度。

13

維持肢體語言與情緒一致

FBI探員花了許多時間，想辦法測出嫌疑犯有沒有說謊。他們為此研究了肢體語言、語調改變、眼神接觸，發現透露一個人說謊最明顯的線索是肢體語言與情緒的一致性——假如一個人試圖表現的情緒與肢體語言不一致，很可能就代表他在說謊。

這種一致性，同時也是自我管理不可或缺的工具之一。當你確實管理好情緒的時候，肢體語言會與當下情境所需的情緒一致。假如你無法控制自己的肢體語言，那就代表情緒已經從你手中奪走了主控權。

二〇〇九年，一架民航客機在紐約哈德遜河成功迫降，機長契爾西・「薩利」・沙林博格以完美角度與速度切入水面，成功避免機身在衝擊下解體，拯救了機上的所有人。為了完成這項高難度作業，他關掉腦袋裡響個不停的警鈴，也切斷了內心的恐懼感。他將注意力從恐懼感上轉移開來，專心操作飛機迫降，藉此保持冷靜。即使他知道生還的機率渺茫，仍然成功阻止情緒支配自己的行為。

大多數人一輩子都不需要操縱飛機迫降，但是難免會遇到情緒不受控制的情況。這時候請你轉移注意力，專注處理手邊的工作，不要把注意力放在情緒上，以便維持自己的肢體語言與該有的情緒一致。

14

找個與你的問題不相干的人聊聊

碰到問題的時候，腦部隨時都在思考、歸類、分析各項資訊，尋找最佳行動路線。問題在於，腦部只會擁有我們曾經輸入的資訊——也就是我們過去的經歷，以及現在發生的事情。腦的構造就是如此，我們單一的思考實在很容易走到死胡同，等於嚴重限制了可能的選擇。

難怪某個狀況讓你感到疑惑、激起情緒的時候，找個人聊聊會這麼有幫助。不只是因為對方在乎你的感受，也是因為不同觀點會為你開啟嶄新的思考方式。

遇到難題的時候，請找一位值得信任、相處自在，又與這個問題不相干的人聊聊，運用談話的過程探索自己體驗到的一切，釐清自己對這個麻煩狀況有什麼想法與感受。對方獨到的觀點，會幫助你用不同角度看事情，擴展可能的選擇。

請審慎選擇你的談話對象。這個人不該牽扯到任何相關利益，這位「輔導員」的個人立場越強烈，其觀點也會受到個人的需求與感受影響。與這個問題有直接關聯的人，即使提供你任何意見，也只會把事情弄得更複雜，絕對應該避免這種情況發生。另外，最好也避免那種一味附和你的人。雖然他們的支持帶來很好的感受，你卻容易因此看不清整體狀況。與一位可能唱反調的人坐下來談天，也許當下令人有點不愉快，但是從別人獨特的觀點看事情，對你一定大有幫助。

15 從每個人身上學會寶貴的一課

回想一下，是不是有某些對話曾經立刻激起你的防衛心態？你站在當場，抓緊手中的武器和盾牌，準備和對方火拼一場。當時你也許遭到某人批評、某位同事強烈否定你的觀點，或是有人質疑你的動機。這麼說可能乍聽之下有點奇怪，不過當我們抱著防衛心態，等於錯過了從他人身上學習的寶貴機會。遇見每一個人，都抱持從對方身上學習的心態，預設他們會帶來對我們有益的教訓——這是保持靈活思考、開放心態最好的辦法，同時也能大幅減輕壓力。

面對生活中的各種場合，幾乎都可以運用這個方法。比方說，你在開車上班途中，遇到一輛車突然快速轉彎，擋住你的路，然後馬上往另一個方向疾駛而去。即使是這種自私的三寶駕駛，也能教會你重要的一課：例如，面對討厭的人應該要培養自己的耐心，或者你也會慶幸自己活得不像他那麼匆忙。嘗試從對方身上學習的時候，你會比較不至於生氣、產生防衛心態，也不容易感到壓力。

下一次，假如你發現自己面臨措手不及的狀況、採取防衛的態度，請你接納這個機會，從中學習寶貴的一課。別人的批評、行為都是你最好的老師，這種觀點就是自我控制的關鍵。

16

安排充電時間

運動對身體的好處有目共睹，醫師、親戚朋友、保健文章，到處都有人提醒我們該多運動。但大多數人都沒有發現，對於腦部來說，運動以及其他為身心充電的休閒活動，也一樣不可或缺。想成為自我管理高手，必須給腦部練習機會；令人驚訝的是，能否做到這一點，很大一部分取決於我們如何對待自己的身體。

當你從一整天當中撥出時間運動的時候，不僅促進了血液循環、保持身體健康，也給了腦一個喘息的機會，這是除了睡眠之外，最有效幫助腦部休息、充電的方法。激烈的運動最理想，不過其他比較放鬆、提振精神的活動，一樣能給予腦部正面影響。做瑜珈、按摩、園藝、到公園散步，都是能讓腦部放鬆的休閒活動。這些活動雖然不比激烈運動有效，但一樣會刺激腦部釋放血清素、腦內啡等化學物質，幫助腦部充電，保持你心情愉快、頭腦清楚，同時也會活化負責決策的腦區，有助於增進規畫、組織、理性思考的能力。

對於大多數人而言，這項訓練策略最大的難處在於，要從每天繁忙的行程中擠出時間做這些事實在太難了。工作、家庭、朋友早已占滿我們的生活，運動、休閒活動難免在待辦清單裡不斷往後排。不過為腦部充電、維護的重要性，就像刷牙之於牙齒保健一樣不可或缺，意識到這一點之後，你一定會更積極將這些活動及早排進行程，而不是晚點再看看有沒有時間。如果想要增進自我管理技能，這項訓練策略非常值得一試。

17

接受改變隨時可能發生

沒有人天生就能預測未來。既然無法預見人生中的所有改變與阻礙，成功調適改變的關鍵，就在於事前培養的眼界。

重點在於未雨綢繆，為改變做好準備。這不是要你跟命運玩猜猜看，預測接下來會發生什麼事，而是思考有哪些改變可能發生、又會帶來哪些後果，一旦改變真的來臨的時候，才不會毫無心理準備。要做到這一點，第一步就是接納改變：即使是人生中最穩定、最值得信賴的要素，我們都無法完全掌控。人會變，

第一步就是接納改變：即使是人生中最穩定、最值得信賴的要素，我們都無法完全掌控。

生意有起有伏，萬事萬物不可能恆久不變。允許自己接納改變的存在，了解面臨改變時可能的選項，在改變真正到來的時候，便能避免陷入震驚、驚嚇、恐懼、沮喪等強烈的情緒。面對改變的時候，你仍然有可能感受到這些負面情緒；但是你已經調適過心態，知道改變是人生無可避免的一部分，因此有辦法專注、理性思考。有了這層心理準備，我們才能善加處理這些始料未及、難以接受的狀況。

完整運用這項訓練策略最好的方法，是固定每週（或隔週）撥出一小段時間，列出你認為有可能發生的重大改變。你應該為這些改變做好萬全的準備。列出清單時，請在每一項改變底下預留足夠的空間，寫下改變發生時你可以採取的所有行動。接著請你再想想看，有哪些準備是現在就可以做的？把想到的點子寫在行動底下。應該留意哪些徵兆，才能看出改變已經迫在眉睫？這些徵兆出現的時候，你該做好哪些準備才能減緩衝擊？即使這張清單上的改變沒有成真，接納改變的存在、了解自己能夠採取哪些行動之後，你也會成為更懂得靈活變通、隨遇而安的人。

| 第七章 |

社會覺察策略

Social Awareness Strategies

你有沒有遇過那種同事，不必等你開口，他就知道你這一天的心情如何、心裡正在煩惱什麼？他一看就知道你一定剛跟某某單位開完會，因為這些訊息都一五一十「寫在」你臉上。他知道什麼時候該讓你靜一靜，從來不會不識相地在這時候請你幫他的忙，一定是從你身上看出了什麼端倪。

有的服務生好像精通讀心術一樣，對每位顧客的需求都瞭若指掌：這對情侶不希望甜蜜的兩人世界被外人打擾，另一對情侶歡迎別人攀談，另外一桌的客人則需要專業、禮貌的服務，不想聽服務生閒話家常。所有客人都一樣坐在桌前用餐、小酌、等候服務，但是在這層表象之下藏有大量的訊息，因此每一桌的客人都獨一無二。這位服務生是如何在短時間內打量每一桌的客人、理解他們的需求？

那位善解人意的同事，和這位見微知著的服務生，都一樣擁有高度的社會覺察能力，他們運用這項技能，辨認、了解其他個人或群體的情緒。這兩個案例顯然是身經百戰的社會覺察高手，不過這項技能很可能是他們後天學習、經過長時間練習才培養而成。

如果說自我覺察是觀照內在、了解自己的能力，那麼社會覺察就是向外觀照，了解、欣賞他人的能力。社會覺察是以辨認、了解他人情緒的能力為基礎，與人互動時若能注意到對方的情緒變化，我們就能更精準觀察周遭狀況，對於人際關係、關係中的底線等層面都有所影響。

培養社會覺察能力的時候，你會發現自己隨時隨地都在觀察別人。排隊結帳的時候，你會遠遠觀察別人，聊天時也會觀察對方。你會學著解讀肢體語言、臉部表情、儀態舉止、說話語調，甚至是藏在表面下的訊息，例如更深層的情緒與想法。

社會覺察能力耐人尋味的地方在於，情緒、臉部表情、肢體語言在各種不同文化圈都是共通的，不論你走到哪裡，都一樣能運用這些技能。

觀察別人之前，記得把自己的眼睛擦亮。培養社會覺察的第一步是確保自己全神貫注，給予對方全部的注意力，而不是心不在焉。向外觀照不是只用雙眼去看，同時也要探索自己的感受。除了完整運用基本的五感之外，你也可以納入第六感，也就是情緒。透過情緒傳達出來的大量情報，可以幫助你留意、解讀他人傳遞的訊息，有了這些線索，你會更容易設身處地考量別人的感受。

這一章提供的十七項訓練策略，會幫助你克服培養社會覺察時常見的阻礙，在碰壁的時候幫你一把。一個人能夠留意的訊息就這麼多，所以挑選出正確信號的能力就顯得不可或缺。這些訓練策略都經過反覆檢驗，可以幫助你做到這一點。

社會覺察訓練策略

1. 稱呼別人的名字
2. 觀察肢體語言
3. 時機最重要
4. 準備自己的口袋問題
5. 開會別抄筆記
6. 任何聚會都要事先規畫
7. 清除雜訊
8. 活在當下
9. 十五分鐘小旅行
10. 從電影看EQ
11. 練習傾聽技巧

12. 人群觀察
13. 了解文化遊戲的規則
14. 驗證自己的猜測
15. 設身處地，站在別人的立場思考
16. 看見自己的全貌
17. 掌握全場氣氛

1

稱呼別人的名字

也許你的名字取自某位親戚或家族世交，或是擁有自己的暱稱、小名，不論名字背後藏著哪些故事，它都是身分認同的一部分。別人記得你的名字、用名字稱呼你的時候，總是令人高興。

用名字稱呼別人，是培養社會覺察能力最基本、卻最具影響力的方法之一，既貼近個人，又別具意義。假如你面對社交場合容易退縮，以名字稱呼別人就是邁出第一步最簡單的方法。稱呼名字可以化解人與人之間的界線，給人溫暖熱情

不論名字背後藏著哪些故事，它都是身分認同的一部分。別人記得你的名字、用名字稱呼你的時候，總是令人高興。

的印象。即使你原本就擅長交際，稱呼別人的名字一樣會是個好策略。

說了這麼多用名字稱呼別人的好處，現在我們來談談徹底執行的方法吧。假如你老是想不起別人叫什麼名字、臉和名字配不起來，或是陌生人的名字沒辦法記住超過三十秒——請你從這個月開始，練習在每次走進一個空間、認識新的人時，都說：「嗨，（名字）！」跟對方打招呼。記住名字是一種腦力訓練，需要經過練習。假如對方的名字比較少見，可以請他告訴你怎麼寫，腦中浮現這個名字寫出來的模樣有助於維持記憶。在對話當中，請你至少用到這個人的名字兩次以上。

打招呼時稱呼對方的名字，不只是肯定對方真正的本質，同時也可以維持更深厚的人際連結。每次與人見面、寒暄時，把記住對方的名字當成一個目標，你會更容易集中注意力，社會覺察能力自然會隨之提升。

2

觀察肢體語言

職業撲克牌選手最仔細觀察對手的哪一點？答案是行為上微小的變化，因為這些小動作會暗示玩家對手牌有多少信心。

他們會觀察儀態、眼神、手勢、臉部表情，表面上信心滿滿的選手往往只是虛張聲勢，態度低調的人才是手裡握著同花順、等著從你背後殺出來的黑馬。對於職業撲克牌玩家而言，能否解讀肢體語言，關係到這一場會贏得大獎還是捲鋪蓋回家，社會覺察技能在這一行是攸關成敗的關鍵。

成為解讀肢體語言的專家，對我們來說重要性也不容小覷，我們可以藉此得知對方真實的感受，以適當的方式回應。從頭到腳逐一評估對方的肢體語言，我們就能完整解讀一個人現在的狀態。先從頭部、臉部開始，眼睛是全身上下表達出最多訊息的部位，你可以從眼神解讀不少情報，不過小心不要瞪著對方。持續的眼神接觸，表示值得信任、誠懇、關懷的態度；眼神游移、眨眼頻率過高，可能代表對方對你有所隱瞞；眼神放鬆、積極關注談話對象，表示態度真摯、誠實。

接下來，請你觀察對方的笑容，這是真誠的笑臉，還是僵硬的假笑？學者發現有個辦法能判斷兩者之間的差異，關鍵在於眼角的一條皺褶。假如微笑的時候沒有出現這條皺褶，那很可能就是假笑。真正的笑容會從微小的臉部動作，快速轉變成明顯的表情。

看完臉部，請你接著觀察肩膀、軀幹、四肢：肩膀是下垂駝背，還是自然挺直？手腳動作沉穩，還是躁動不安？我們的身體隨時隨地都在傳遞訊息，是非常豐富的訊息來源，所以在會議、聚餐、與人初次見面的時候，記得仔細觀察別人的肢體語言。掌握訣竅之後，肢體語言表達的訊息會顯得更清楚明確，你可以在短時間內掌握線索，揭開對方的底牌。

3 時機最重要

時機決定成敗，這句話可以用來解釋上百種狀況。不過與人互動、面對別人的情緒時，時機真的就代表了一切。你不會在生意低迷的時候要求加薪；不會在對方怕你的時候還糾正人家；看見對方壓力大、正在氣頭上的時候，你也不會要求他幫你的忙。

社會覺察與說話的時機息息相關，不妨從問問題開始，練習改善你行動的時機。目標是在對的時機、對的情緒下，問出對的問題，這麼做必須時時考慮到你說話的對象。

試想，假設同事正為了另一半的事情煩惱，你剛好在這時候找她說話。她為了挽救婚姻而憂慮，比平常更情緒化，你卻劈頭就問：「是說那個企畫提案啊，妳有什麼想法了嗎？」她回以一個空洞的眼神，不知道該怎麼回答你的問題，然後露出沮喪的表情。對話就這麼結束了。

這個例子當中，時機、問題、情緒都錯了。對你來說，這當然是正確的時機，也是正確的問題；但是從那位同事的角度看來則完全不是這麼回事，時機和情緒都不對。請記住，重點不在於你怎麼想，而是對方的觀感。以同事當時的情緒來說，恰當的問題應該是：「我能幫上什麼忙嗎？」她聽了很可能會感謝你的關心，稍微冷靜下來。這時候，你可以委婉提出原本想問的問題，同時也表示，你明白這時候或許還是不太適合談這件事。

練習掌握時機的時候，請你記得：培養社會覺察的關鍵在於，把焦點放在別人身上，而不是只在乎自己，如此才能事半功倍。

4

準備自己的口袋問題

有時候對話不如想像中順利，也許對方不太健談，或是你問了問題，卻只得到非常簡短的回答。十秒的沉默感覺好漫長，你忍不住想撤退，氣氛實在是太尷尬啦。這時候得快點想想辦法，假如準備一份口袋問題隨時備用，你覺得如何？

口袋問題是你用來預防萬一的救生圈，當對話陷入尷尬的沉默、氣氛令人不自在的時候，它可以幫你一把。這項社會覺察策略可以為你爭取時間，有助於進一步認識對方，讓對方知道你有興趣了解他的想法、感受、見解。口袋問題可以是：「你對（填入空格）有什麼想法？」挑選一些需要稍微解釋才能回答的話題，例如工作、時事，不過記得避開政治、宗教或其他敏感議題。

懂得臨機應變的溝通專家，知道該在什麼時機拿出口袋問題——對話只是需要起個頭，而你不願意這麼早就放棄。提出口袋問題的時候，聽起來也許像是突然轉換話題，不過別擔心，只要這個問題成功為對話注入活力，一切都值得了。

假如口袋問題仍然無法化解尷尬，也許你可以禮貌邀請別人加入對話，或是委婉告訴對方你想去找點東西喝，然後離開現場。

5 開會別抄筆記

我們總有個根深柢固的觀念，認為一個人如果要成功，就必須學著同時處理大量工作，扛起越來越多的責任。只要一心多用，同時做越多事情，我們就離成功越近，對吧？大錯特錯。多工作業其實犧牲了工作品質，因為腦部只要同時處理多項事務，就沒辦法維持同樣優秀的工作表現。

假設你正在開會，大家提了幾個點子，討論每一種想法的優缺點。討論重點都寫在白板上了，不過你還是比較偏好自己抄一份筆記，避免遺落任何細節。奧斯卡正在說話，本來語調平靜，但你從自己的思考中回神時，他的語氣卻突然帶有明顯的惱怒，緊接著奧斯卡和瑪琳達展開針鋒相對的攻防戰。你低頭瀏覽自己的筆記，找不到他生氣的點在哪。發生什麼事？你錯過了關鍵的細節。

當你把注意力集中在筆記本上、忙著動手抄寫的時候，你也錯過了了解他人感受與想法的關鍵線索。假如想要完整了解事情發展、綜觀全局，有些人會專注於觀察別人，避開手機、打字、抄寫筆記等干擾，只專心做「觀察別人」這件事。別忘了，社會覺察的主要目標，在於辨認、了解他人的想法與感受。想辦到這一點，你就必須專注觀察其他人。

會議是最適合觀察別人的場合之一，有一群固定的觀察對象，通常也不會出現太多干擾，這時候不需要收發電子郵件，也不用接電話——但是你還有那支筆。下次開會的時候別抄筆記了，請你仔細觀察每位與會者的臉，注意他們的表情變化，有人發言的時候，請你看著發言人的眼睛。你在這個場合會更有參與感，也更專注於周遭人們的情況，更容易發現紙筆漏掉的線索。

抄筆記確實有它的意義，但也不必將它當成聖旨一樣奉行。假如你因為某些現實考量而必須抄筆記，請你每隔一段時間稍微停筆，練習觀察其他人。

當你把注意力集中在筆記本上、忙著動手抄寫的時候，你就錯過了了解他人感受、想法的關鍵線索。

6

任何聚會都要事先規畫

想像一下，你正要前往一場餐會，卻忘了要把麵包帶來。在餐會上，你至少花了十分鐘暗暗痛罵自己，你那群沒麵包吃卻不以為忤的好朋友們，則花了十五分鐘拿這件事開你玩笑。你插入鑰匙發車的時候，突然想起你本來要跟傑克拿名片，以便之後打電話跟他討論行銷企畫，但是「麵包事件」完全打亂了你的步調。還有凱特，餐會期間她心情一直不太好，你開始後悔沒有當場問她怎麼了。

你老早決定要參加這場餐會，但你有事先規畫嗎？不論是派對聚餐還是工作上的聚會，凡事提早規畫，可能會在緊要關頭幫自己一個大忙。假如進門的時候心裡已經計畫好該做哪些事，你全部的腦力、心力都能夠專注於當下。

下一次你確定要參加某項活動的時候，請立刻提醒自己做好事前規畫。不妨拿張小卡片，列出哪些人會出席，寫下你想到的話題或待辦事項。別害羞——你大可把這張清單帶在身上！

我們再來重演一次前文的那場聚餐，不過這次經過事前規畫，你的清單也準備好了。一抵達會場，你就把答應要帶來的麵包交給主辦人：打勾。你看見傑克在廚房，走過去和他小聊了一下，要了他的名片：打勾。完成這件事之後，你發現凱特狀況不太好，一副悶悶不樂的樣子。你馬上就注意到這件事了，而不是等到開車回家的路上才想起來。你立刻有所警覺，把凱特帶到一邊，問她需不需要聊聊。她微微一笑，感謝你的關心，和你聊了心事。聊完天，你們再次回到人群當中，享用美味的餐點。

稍微做點事前規畫，這不只是為聚會做好準備，同時也讓你更容易樂在其中，因為規畫可以減輕你當天的壓力，在會場也不容易為了其他煩惱心不在焉。

7

清除雜訊

要提升社會覺察能力，你在社交場合必須保持專注，移除令人分心的阻礙——特別是腦海中的雜訊。這些內在的雜訊就像車庫或衣櫃裡的雜物堆，裡頭還有堪用的東西，只是亂得你找不到需要的東西。解決辦法：清除雜物。

需要清掃的主要有幾種雜訊。第一種是自言自語，我們隨時都在腦海中跟自己對話，講得正熱絡的時候，還會把外界的聲音關掉——這個習慣對於社會覺察可說是有害無益。第二種雜訊，則是對方還在講話的時候，就開始考慮自己該怎麼回應。這個習慣也一樣不利於培養社會覺察能力，一心二用，你很難完整傾聽自己和對方的心聲。

有幾個簡單步驟可以清除內在的這些雜訊。首先，與人對話的時候，在別人說完之前不要打斷對方。接下來，如果要消除演練回應的雜訊，你必須持續留意自己有沒有出現這種行為。一旦抓到自己邊聽別人說話邊思考回應，請立刻阻止自己，然後清除這個雜訊，重新專注於對方的表情與說話內容。有必要的話，你也可以把身體傾向對方，改變身體的重心也有助於投入對話當中。光是有這層意識，就代表你的社會覺察能力已經進步了，畢竟你從前甚至沒意識到自己的行為模式。

時時提醒自己，你對話的目的是傾聽與學習新知，不是為了向對方炫耀你的高見。持續留意自己腦中的雜訊，一一將它移除，你會越來越善於關閉自己內在的思緒，傾聽技巧也會更上一層樓。

8

活在當下

小朋友最擅長活在當下了。小朋友從來不在乎昨天發生了什麼事，也不會煩惱晚點要做什麼，他們在這個瞬間就是超人，專心打敗壞蛋，世界上其他所有東西都不存在。

大人就沒辦法活得這麼灑脫了，過去令人心煩（唉，我不應該那樣做的），未來令人焦慮（我明天怎麼可能把這件事辦好？）。過去和未來陰魂不散，怎麼可能專心活在當下？要培養社會覺察能力，你必須像孩子一樣，自然而然活在當下，才有辦法注意到其他人的狀況。

請將「專注於此時此刻」當作一個習慣培養，它對於社會覺察能力可說是百利而無一害。從這個月開始，假如你人在健身房，那就專注於現在健身房裡該做的事。假如現在在開會，那就專注於這場會議。不論何時何地，請你盡可能專心活在當下，才能看見周遭的人，完整體會這個瞬間的人生。假如發現自己神遊到其他地方去了，請你立刻把自己拉回來。規畫未來、反省過去都是很有意義的活動，但是別忘了，當過去和未來占據了所有時間，我們就看不清眼前最重要的東西——那就是現在。

規畫未來、反省過去都是很有意義的活動，但是別忘了，當過去和未來占據了所有時間，我們就看不清眼前最重要的東西——那就是現在。

9

十五分鐘小旅行

不是有人說過嗎？生命的意義不在於目的地，而在於旅途中的風景。要培養社會覺察能力，得學著享受旅行的過程，留心觀察沿途遇見的人。當我們一心專注於趕赴下一場會議、趕著上下一堂課、趕著看下一個病人、趕著拜訪每一位客戶、趕著寄出電子郵件，等於錯過了A點和B點之間與我們擦肩而過的每一個人。

要撥出一點時間欣賞沿途的風景，你可以在工作的地方四處走走看看，仔細觀察周遭環境。這趟迷你小旅行有助於深入了解其他人、了解他們的情緒，幫助你重新觀察到人際互動中更細微的線索；這些重要線索，其實都近在你的生活當中。

請你在上班日撥出十五分鐘，觀察自己從來沒有注意到的事物。你可以觀察其他人的工作空間是什麼樣的外觀、有什麼氛圍、不同族群分別在哪些時間進出公司、誰喜歡找人互動、誰又偏好整天坐在自己的桌前。

經過第一次觀察之旅後，不妨再挑一天重新逛逛你工作的地方，這次改為留意別人的情緒。其他人的心情是重要的線索，我們可以從中看見每個人的狀況，還有整個團體的狀況。走過去找人攀談的時候，記得留意對方這時候的感受，以及他們帶給你什麼樣的感覺。另外，不論你的職場是辦公室、學校、診療區，還是工廠，也請你觀察看看職場上的整體氛圍。仔細想想看：觀察、傾聽的過程中，你得到了哪些收穫？其他人有哪些特質引起你的注意？

請你每週安排兩次職場小旅行，每次十五分鐘，持續一個月。旅行的時候，記得避免預設立場、妄下定論，只要單純觀察就好，旅途中的風景會帶給你無限驚奇。

10

從電影看EQ

好萊塢是全球娛樂重鎮，以紙醉金迷的浮華、璀璨奪目的光彩、冠蓋雲集的巨星聞名。不過信不信由你，好萊塢同時也是培育EQ技能的苗床，最適合培養你的社會覺察能力。

畢竟，藝術的原型來自現實生活，對吧？電影中充滿實際運用EQ技能的案例，演示了許多值得模仿或應該避免的行為。經驗老到的演員，善於在自己心中喚起真正的情緒；由於劇本往往安排劇中角色做出誇張、顯眼的行為，所以在大銀幕上，我們更容易觀察他人的情緒與相關線索。

要培養社會覺察能力，你必須練習觀察其他人的狀況，不論是以真人或電影中的英雄為練習對象，效果都是一樣的。當你在看電影的時候尋找人際互動的線索，就等於是在練習社會覺察技巧。而且我們以第三者的角度觀看這些情境，沒有牽涉到其中的利害關係，干擾判斷的情緒也會降到最低，因此得以暫時擺脫生活中繁瑣的事務，專注於觀察片中角色。

這個月，請你看兩部電影，仔細觀察片中人物的互動、關係，以及他們之間的衝突。你可以從肢體語言推測各個角色現在的感受，觀察他們如何化解衝突。等到故事揭露更多人物背景之後，不妨再倒轉回去看前面的橋段，尋找第一次觀看時沒有發現的線索。信不信由你，沉浸在電影的幻想世界裡，是在現實生活中培養社會覺察技能最有效、也最有趣的方法之一。

11 練習傾聽技巧

這一點聽起來很基本，基本到不需要多提，不過傾聽確實是社會上越來越乏人問津的一門策略和技巧。大多數人都以為自己善於傾聽，不過假如讓現代成年人來玩「傳話遊戲」，傳到隊伍最後的語句會有多準確？傾聽需要集中注意力，現代人蠟燭好幾頭燒，當然難以保持專注。

傾聽，不只是聽別人說出來的詞句，同時也要注意對方的語調、速度、音量。對方說了什麼，又有哪些沒有說出來的言外之意，表面下隱藏了哪些訊息？你也許參加過某些演講或發表會，講者念出來的詞彙鏗鏘有力，但是他的語調、語速、音量並不符合那些詞彙的力道。這時候，說話方式很有可能表達了講者本身的情緒狀態。

以下是練習傾聽的方法：有人跟你交談的時候，停下手邊的所有工作，仔細聽對方說話，直到他說完為止。不要邊寫電子郵件邊講電話。兒子問你問題的時候，記得放下筆記型電腦，看著他的眼睛回答。和家人一起吃飯的時候，把電視關掉，專心聽餐桌上的對話。與人會面的時候把門關上，坐得離對方近一點，你才能專注聆聽。這些簡單的小技巧，可以幫助你全神貫注於此時此刻發生的事，留意其他人表現出來的情緒線索，聽出對方真正想表達的意思。

12

人群觀察

有時候我們會只想坐著不動，看世界在眼前流逝——不過在這個訓練策略當中，我們要看的是來往的人群。當你到附近的咖啡廳，挑一張桌子坐下，看人們走進走出，人手一杯額外加熱的大杯脫脂拿鐵，或是看情侶們牽手走過街頭……這時候，其實你已經在實行最有效的社會覺察訓練策略了。

花點時間觀察，你會發現人們在舉手投足間流露了自己的情緒。請你觀察看看，大家在咖啡廳、雜貨店、其他公共場所排隊的時候，是如何與人互動？這些地方最適合練習了。店裡瀏覽貨架的顧客，是用什麼樣的步調移動？你可以保持一段安全距離，在這些場合觀察肢體語言以及其他非語言的線索，練習從中看出別人的情緒或想法。

觀察人群是很安全的練習方式，你不必親自進入人際互動當中，就能學習尋找情緒訊號、觀察互動過程，找出潛藏的行為動機或情緒。辨認別人當下的情緒、氛圍，是社會覺察不可或缺的能力，但我們往往不會注意到這些線索。所以下個禮拜，請你到附近的咖啡廳，點杯喜歡的飲料，找個舒適的位子坐好——這就是訓練社會覺察能力最完美的位置。

13 了解文化遊戲的規則

社會覺察不只是辨認其他人的情緒而已。假設你要在一家新的公司展開新的工作，要在這裡獲得成功，你必須學習這間公司的企業文化，了解他們做事的習慣。你跟一位外國同事分配到同一間辦公室，要與來自不同文化的同事相處融洽，你也必須了解對方的文化與家庭背景，才能知道他對你這位同事抱持什麼樣的期待。必須學習對方的遊戲規則，你才有辦法解讀對方的行為和反應。

何謂遊戲規則？在社交情境中是否能說出正確的話、採取正確行動，很大一部分取決於當事人是否了解文化遊戲的規則。我們的世界是充滿各種不同文化的大熔爐，這些文化彼此交流、生活、建立生意上的往來，這一切互動背後都有明確的規則。你沒有辦法避開它，如何學習擁有跨文化的高ＥＱ，已經成為現代人的一堂必修課。

從這場文化遊戲中勝出的祕密在於：用別人希望的方式對待他們，而不是以自己想要的方式對待別人。辨認各個文化當中不同的規則，就是做到這一點的訣竅。不過更複雜的是，我們該注意、學習的遊戲規則，除了不同種族的文化之外，還有家族文化以及企業文化。

該怎麼一口氣學習這麼多種規則呢？第一步是多聽、多看，比起來自相同文化的對象，你必須花更多時間觀察不同文化的規則。多蒐集觀察結果，下結論之前先審慎思考。想像你剛抵達陌生的異地，在你開口說話、實際加入人群之前，記得先觀察其他人的互動情形。比較看看，你自己會採取的行動，和周遭的人有什麼差別？

下一步，請你提出具體的問題，可能必須尋找會議以外的交談機會，或是以旁觀者的角度提問。許多企業文化、種族文化在談論公事之前，都非常重視用餐時間前後的社交互動，這個習慣背後有它的智慧。經過社交互動，雙方的社會覺察能力都會提升，更容易掌握人際交流的遊戲規則。

14

驗證自己的猜測

即使是社會覺察能力最高明的人也有狀況不佳的時候，也可能碰上無法解讀的情境。也許這個空間當中存在太多干擾，或是人們的活動太繁雜，難以在吵雜的環境中解讀情緒線索；也許這些擁有社會覺察能力的人，覺得自己大概掌握了狀況，但是需要一些證據佐證他們的觀察結果。面對這種情況，有一種社會覺察策略可以得到你想要的答案：直接問。

直接問？有沒有搞錯？請記住，沒有什麼問題是不該問的蠢問題。不論你是剛開始培養社會覺察能力的菜鳥，還是身經百戰的社會覺察高手，有時候總會需要確認自己觀察到的情緒線索是否準確無誤。最好的驗證方法就是直接詢問對方，確認你對人對事的觀察是否符合實際情況。

假設你上班時遇見史蒂夫，注意到他面帶愁容、垂頭喪氣，眼睛直盯著地板。你打了聲招呼，問他過得還好嗎？他卻說「很好」。

你蒐集到的證據告訴你並非如此——史蒂夫說他很好，但他看起來一點都不好。這時候，你可以透過提問反映他現在的狀況，同時檢驗你看到的線索。例如：「你看起來有點沮喪，發生什麼事了嗎？」單純陳述你看見的證據（看起來有點沮喪），再問個直接的問題（發生什麼事了嗎？），就是最完美的反映型敘述。你也許只會聽見史蒂夫現在願意透露的答案，不過至少你已經主動向他伸出援手，表達你的關心之情。

另一種可供驗證的問題，則是專注於言詞之外的訊息——有些訊息不一定會說出口。人們不會每次都開誠布公地直接說出自己的感受，不過他們會留下提示。如果你願意提問，就可以透過這個機會，檢驗自己是否確實掌握了情緒線索、正確理解它背後的意義。假如你太早下定論，或是錯失了某些線索，這也是糾正自己的好機會。

練習測試自己的觀察是否準確，也會訓練出敏銳掌握社交情境的能力，幫助你注意到平時容易忽略的線索。有些事情假如不問出口，永遠都不會知道確切答案。

15

設身處地，站在別人的立場思考

演員總是在做這件事——他們以演出劇中角色的立場維生，在自己內心喚起相同的情緒與感受，具體呈現角色的思考方式與行為動機。這就是為什麼有些演員在健康、富裕的環境中成長，卻能演活最扭曲的角色，而反之亦然。演員完成演出工作之後，往往不會對自己的角色有所怨言，反而會開始欣賞自己演繹的這位人物，即使他在片中是個壞人也一樣。

設身處地站在別人的立場思考，是社會覺察能力最完整的呈現——而且並不是只有演員需要這種能力。如果想要培養洞察力、更深入了解他人、增進溝通品質，在事態惡化之前找出問題點，那我們就必須學習從別人的角度思考。

假如你覺得自己不需要這種能力，不妨想想看，你是不是也曾經後悔：要是那時候我知道珍妮心裡那樣想就好了！千金難買早知道，當你心裡想著「要是……」的時候，一切總是為時已晚。假如你更早理解珍妮的想法，不是更有助於解決問題嗎？

要實行這項訓練策略，你必須問自己：「假如我是這個人的話……」假設在開會的時候，有人公開質疑吉姆在某項備受爭議的專案當中決策失當。假如遭到質問的人是你，面對這種情況，你會習慣採取防衛態度；不過請記得，現在這件事的主角不是你，而是吉姆。先把你自己的信念、情緒、思考習慣、行為模式擺到一邊，從吉姆的角度面對這個狀況。試著問自己：假如我是吉姆的話，我該怎麼回答這個問題？回答這個問題的時候，不妨善用之前與吉姆相處的經驗，幫助你進一步了解這個人。之前吉姆面對類似狀況的時候作何反應？他遭人質疑的時候如何應對？他在團體當中、私底下與人相處的時候，是如何控制自己的情緒？當時他表現出什麼樣的態度，又說了什麼話？這些都是不可或缺的重要情報。

我們該如何知道自己是否成功推測出對方的想法呢？假如你跟吉姆處得不錯，時機也適合問問題，不妨在會議後和吉姆攀談，確認你的想法對不對。假如你和吉姆關係沒那麼好，可以在其他情境中進行類似練習，以其他同事為對象，測試你對對方的理解是否正確。越勤於練習、時常獲得別人的意見回饋，你越能夠自由自在地轉換到別人的立場思考。

16

看見自己的全貌

我們只能透過單方面的樂觀看法審視自我，因此很可能只看見自己片面的樣貌。有機會的話，你想不想找個最了解你的人，透過他的雙眼看看你自己？向外尋求這方面的意見回饋，是培養社會覺察能力的關鍵，因為唯有如此，我們才有機會看見別人眼中的自己——看見自己的全貌。

想要把握這種機會，必須要有勇氣與一顆堅強的心，邀請愛你的人、批判你的人，一同回歸事情的本質，開誠布公分享他們對你的看法。如果他們說的不是事實呢？如果他們語氣很苛刻呢？如果你真的是他們口中的那種人呢？

不論你得到什麼樣的答案，來自別人的觀察都一樣重要，因為別人對你的看法會影響你的人生。舉例來說，你只是在發言之前需要一點時間思考，但是看在別人眼裡，卻覺得你在會議中態度消極。這時候，這種看法會左右你未來的機會，比方說老闆挑選人才擔任委員會主席的時候，就會先把你排除在外，因為大家都認為你性格被動，不會把謹言慎行當成你的優點。

想知道別人眼中的你是什麼模樣，最好的方法簡單又有效。凡是ＥＱ相關的問題，都可以設計一份三百六十度回饋問卷，請其他人填寫問卷，回答他們對於你的自我覺察、自我管理、社會覺察、關係經營技能有什麼看法，你自己也可以填寫一次。蒐集問卷結果，即可綜合自己和他人的觀點，完整看出你的全貌。你相信嗎？其實別人對你的看法，往往比你對自己的想像更切中要害。不過，不管別人怎麼想，重點在於了解他們的看法，因為這麼一來，你才知道他們會形塑出什麼樣的你。

請鼓起勇氣，邀請其他人透過他們的觀點，幫助你更了解自己。要看見別人眼中的自己，不必偷聽別人交頭接耳傳八卦，也不必錄下自己的一舉一動，最好的方法就是尋求意見，就這麼簡單。

17

掌握全場氣氛

學會解讀別人的情緒線索之後，就能學著掌握整個空間的氣氛了。聽起來也許有點令人卻步，不過只要運用你已經學會的社會覺察技巧就可以辦到，只是運用的範圍更廣一點。

歸根究柢，有兩種方法可以掌握整個空間的氣氛。第一種方法是相信你的直覺：情緒具有感染力，會從一兩個人開始向外傳播，形成明確的集體情緒，你或多或少會感受到。舉例來說，請你想像一百二十五位企業家正在同一個空間裡彼此建立人脈、分享見解，而你現在走進這個空間，這裡很可能充滿期待、正向的

情緒具有感染力，會從一兩個人開始向外傳播，形成明確的集體情緒，你或多或少會感受到。

活力，而且不消多時，你就會注意到這種氛圍。你會聽出他們的音量、語調，看見他們專注、積極的態度和肢體語言。現在，請你再想像自己走進陪審人員的等候區，一百二十五位公民聚集在此等候篩選。整個房間鴉雀無聲，每個人都在看書、聽音樂分散注意力，或是做其他事情打發時間。出席陪審召集是公民義務，但是幾乎沒有人想待在這裡。和上一個空間相比，兩種氛圍一個像熱鬧的白日，一個則像死寂的夜晚。

該如何掌握整個空間的氛圍呢？走進一個空間時，請你瀏覽室內，留意這時的感受與眼前所見：這裡是充滿活力的氣氛，還是安靜、壓抑的沉穩氛圍？注意人群的分布狀況，這裡的人是各自獨處，還是成群聚集？他們是否與彼此交談、以手勢積極溝通？是否有人特別活躍？你的直覺接收到哪些訊息？

掌握氣氛的第二種方法，是找一位更有經驗的人同行，就像我們到非洲大草原觀光一定會找位嚮導是一樣的道理。你應該找一位社會覺察高手當嚮導，而且你學習運用直覺、感受氛圍的時候，他必須為你提示線索。跟著你的嚮導行動，聆聽他看見、感受到的線索，你可以詢問他感受到哪些情緒，又是哪些線索透露出這個場合的氛圍。到了尾聲，就輪到你帶路了。請你打量全場，與嚮導分享你的想法，比較兩人的看法有什麼不同。透過這項練習，你很快就能培養出跟嚮導一樣敏銳的觀察能力，過一段時間就能獨自掌握氣氛了。

人性與人類行為，與非洲大草原上的生態相去不遠。越早培養出在團體中辨認安全地帶、利害關係、氣氛變化的能力，你就能以更加嫻熟的技巧，穿越人際互動的叢林。

第八章

關係經營策略

Relationship Management Strategies

面對一段新的人際關係（不論是工作上還是其他領域），大多數人都會懷著雀躍的心情邁出第一步，努力獲得最好的第一印象；但是到了該長期維持關係的時候，我們卻絆了一跤，走得跌跌撞撞。殘酷的現實很快就告訴我們，蜜月期已經過了。

事實上，所有關係都需要經營，即使是渾然天成、看起來毫不費功夫的一段關係也不例外。這些老生常談我們都聽過，但是我們真的聽懂了嗎？

經營一段關係，除了投入時間、心力以外，還需要掌握正確的方法，而這裡需要的「方法」就是ＥＱ。假如你希望一段關係能夠長久維繫、隨時間成長，同時照顧到你和對方的需求，那麼最後這項ＥＱ技能——關係經營，會是你的最佳良方。

幸好這些關係經營技巧都可以經過後天學習，而且也會運用到你已經熟知的三種ＥＱ技能，也就是自我覺察、自我管理、社會覺察。運用自我覺察技能，你會注意到自己的感受，判斷自己的需求是否獲得滿足。運用自我管理技能，你可以適度表達自己的感受，採取合適的行動，為這段關係帶來正面影響。最後，你可以運用社會覺察技能，進一步了解對方的需求與感受。

說到底，沒有人是孤島，我們都無法孤立於社會之外。人際關係不僅是生命不可或缺的一部分，同時也能豐富我們的人生。在每一段關係當中，我們都握有一半的掌控權，自然也有一半的責任去培養這段關係。以下十七項訓練策略，會幫助你培養經營人際關係的關鍵能力。

關係經營訓練策略

1. 保持開放、好奇的態度
2. 改善你與生俱來的溝通風格
3. 避免傳達出不一致的訊息
4. 記住這幾個小兵可以立大功
5. 重視別人的意見回饋
6. 建立信任
7. 建立「門戶開放」的策略
8. 只在該生氣的時候生氣
9. 不逃避現實
10. 承認對方的感受
11. 以互補方式回應對方的情緒或狀況

12. 表達你的在乎
13. 解釋決策背後的原因，不要單方面執行
14. 表達意見要直接、有建設性
15. 保持「立意」和造成的「影響」一致
16. 運用小工具修補破裂的對話
17. 善加處理棘手對話

1 保持開放、好奇的態度

可以想見有些讀者現在心想：「拜託，老兄，我是來上班的，還要對同事保持開放好奇的態度哦？就不能讓我好好忙自己的專案、做老闆交代的工作嗎？我不想浪費那些時間跟人搏感情！」事實上，即使整間辦公室只有你和另外一個人，建立與維持人際關係仍然屬於你工作範圍的一部分。維持人際關係也許沒有寫在你的工作內容上，老闆可能也從來沒跟你討論過這件事；但是，假如你想開啟成功的職業生涯，開放、好奇的態度絕對是不可或缺的關鍵要素。

我們先來談談在關係經營上，「開放」的態度是什麼意思。保持開放的態度，代表你願意與別人分享自己的訊息。你可以運用自我管理技能，選擇你想開放到什麼程度、與人分享哪些資訊，不過事先知道保持開放的好處，也許有助於做出選擇：當別人了解你的時候，更不容易產生誤解的空間。舉例來說，你對於時間觀念特別講究，認為提前五分鐘到場是常識，看到有人在會議開始之後才慢條斯理地走進來，甚至遲到好幾分鐘，總是讓你惱火不已。有些人可能會因此認為你是脾氣不好、個性死板的人；不過，假如你告訴大家，這是因為你剛出社會的時候在海軍服役過幾年，那同事們不只會表示理解，甚至可能會欣賞你守時、重視禮貌的態度。說不定你守時的好習慣還會傳染給他們呢！

關係經營並不只是保持自己開放的態度就好，你也必須對別人的故事感興趣。換言之，必須保持好奇的態度。你越積極展現興趣、了解對方，就越容易滿足對方在關係中的需求，也更不容易產生誤解。

問問題的時候，請善用你的社會覺察技巧，挑選恰當的情境和時機。保持好奇的語調，就像聖誕老公公問小朋友想要什麼禮物一樣。與好奇相反的語調是批判——回想一下你被人問到這些問題的時候，心裡作何感想：「你買摩托車幹嘛啊？」—「你主修哲學喔？學哲學有什麼用？」

當你問對方問題，對方也向你敞開心胸，這時你不只會獲得有助於經營這段關係的情報，同時因為你對對方展現出興趣，也會留下正面的印象。無論你是正要開始一段人際關係，或是經營一段已經穩固的關係，甚至是人際關係不順利的時候，不妨花幾分鐘的時間，挑出幾段需要費心照料的人際關係，撥出時間，以開放、好奇的態度和這些人相處。

2

改善你與生俱來的溝通風格

也許你習慣在別人說話的時候提供不必要的意見，或是面對反對意見的時候習慣逃避。這些與生俱來的溝通風格，形塑了你現在的人際關係。現在，你可以把握這個機會，運用自我覺察、自我管理、社會覺察技能，重新調整你的溝通習慣。

請你打開筆記本，在頁面最上方，用喜歡的方式描述你現在的溝通習慣。想想看，你的朋友、家人、同事，對你的溝通風格有什麼樣的印象？你的溝通方式是否直接、委婉、自在、嚴肅、風趣、謹慎、穩重、健談、熱情、好奇、冷靜、莽撞？如果你會用某個詞彙描述自己的溝通方式，代表你不只一次聽過別人這麼形容你。

在頁面左側，請你寫下這種溝通風格的優點，也就是別人與你互動的時候感到肯定的部分。頁面右側則列出你的溝通方式有哪些缺點，或是哪些部分曾經造成混亂、引發奇怪的反應，或是引起糾紛。

完成這份清單之後，請你挑選三個值得多加運用的優點，你可以多以這種方式溝通，增進溝通品質。接下來再挑選三項缺點，想想看有什麼方法可以消除、減少這些現象，或是想辦法加以改善。無論你決定採取哪些行動、改掉哪些習慣，都應該誠實面對自己。假如你需要別人幫忙找出改善溝通方式的最佳方案，不妨徵詢朋友、同事、家人的意見。讓周遭的人知道你正在改善自己的溝通方式，也可以建立你對這件事的責任感，有助於持之以恆，為人際關係帶來長遠的正面影響。

3

避免傳達出不一致的訊息

我們每個禮拜通過十字路口數十次，每一次都必須仰賴紅綠燈的號誌才能安全通行。假如紅綠燈壞了，號誌全部熄滅，或是只有閃燈提醒行人注意，這時候人人只顧自己方便，交通自然會陷入混亂，行人不知道該不該走，等到可以通行的時候，總要小心翼翼地環顧四面八方才敢邁開腳步。紅綠燈正常運作的時候，我們對這個系統有信心，因為我們該採取的行動非常明確，紅燈停、綠燈行。我們在人際關係中送出的信號，也是同樣的道理。

情緒會透露出真相，無論再怎麼小心用字遣詞，情緒還是難免透過我們的反應或肢體語言顯露出來。假如你在產品發表會上稱讚下屬表現不錯，卻皺著眉頭、音量幾不可聞，這時候你說的話和肢體語言彼此矛盾，表達的訊息不一致。比起聽見的訊息，人們會選擇相信眼前看見的情緒表現。

即使是自我管理的高手，還是有可能表露出自己的情緒。我們每天產生那麼多種情緒，腦部不可能一一加以過濾。你和別人交談的時候，也可能嘴上說出心裡想的話，肢體語言卻表現出幾分鐘前感受到的情緒。

假如你的肢體語言與說出來的話彼此矛盾，與你交談的對象會感到困惑、挫敗，長期下來會造成溝通問題，影響到人際關係。要解決這種訊息不一致的問題，你可以運用自我覺察技能辨認自己的情緒，再運用自我管理技能決定該表現出哪一種情緒，以及該用什麼方式表達。

將肢體語言與情緒調整成一致，有時候不一定是最恰當的做法，例如你在會議上感到生氣，但這時候也許不該表現出這種情緒。這時候，請你暫時擱置心頭的怒火，不過不需要永遠壓抑這種感受。你可以挑選適當的時機表達憤怒，也就是生氣不僅不會造成反效果，而且還會帶來正面影響的時機。假如你的情緒非常

比起聽見的訊息，人們會選擇相信眼前看見的情緒表現。

強烈，不得不表現出來，最好的辦法就是解釋自己現在的情況。（例如：「我可能有點心不在焉，因為今天早上有通電話出了差錯，我一直很擔心。」）

下個月，與人溝通的時候，請你努力使語調和肢體語言表達出來的訊息保持一致。注意自己是不是嘴上說「我很好」，但肢體語言、語調、態度卻表達出完全相反的訊息。發現自己表達出矛盾訊息的時候，請你重新調整語調或肢體語言，保持訊息一致，或是跟對方解釋你的狀況。

4 記住這幾個小兵可以立大功

看看新聞台、實境秀、喜劇、報紙，明顯能看出媒體不斷在宣傳現代社會越來越缺乏禮數這件事。隨著禮儀式微，人們也越來越少表達感謝。不論是私下來往，還是工作上的人際關係，我們已經很少聽見對方說「請」、「謝謝」、「對不起」。

大部分的社會人士都會告訴你，從來沒有人感謝過他們在工作上的貢獻，但是他們仍然認為聽見「請」、「謝謝」、「對不起」，在工作時會更有衝勁。

回想看看，真正需要說「請」、「謝謝」、「對不起」的時候，你真正說出口的有幾次？假如你不常說這幾句話，也許是沒有時間、沒有養成習慣，也可能是因為你的自尊心已經遍體鱗傷。從現在開始養成習慣，在人際互動當中盡量多說「請」、「謝謝」、「對不起」。或者應該說：請你養成習慣，在日常生活當中多說這幾句話，謝謝你。

5

重視別人的意見回饋

來自別人的意見回饋是獨一無二的禮物，僅憑一己之力，我們很難看出自己還能以什麼方式進步。但是，因為我們永遠不知道會收到什麼樣的意見，所以傾聽意見的過程有時候就像是拆開一份禮物之後，才看見盒子裡頭竟然是一雙狂野虎紋襪，還貼著紅色亮片。

我們可能在毫無心理準備的狀況下面對這份驚喜，所以必須運用自我覺察技能事先做好準備。請想一想這個問題：收到出乎意料的意見，我會產生什麼感受，又會怎麼表現這種情緒？意識到自己的情緒之後，請你接著運用自我管理技能，自問：我該選擇什麼樣的反應？

為了幫助你接納別人的意見，可以把這件事分成幾個步驟。首先，請你思考一下意見的來源。提出意見回饋的人很可能擁有非常重要的觀點——他了解你，也一路觀察你的表現，而且他希望看見你進步。

收到別人的意見時，請你運用社會覺察技能仔細傾聽，確實接收到對方表達的意思。不妨善用提問，釐清對方的意思，也可以請對方舉出例子，好讓你更了解他的觀點。不論同不同意對方的意見，請你謝謝對方願意分享他的看法，因為提出意見就和接納意見一樣，都需要慷慨的胸懷。

聽完對方的意見回饋之後，請你運用自我管理技能，決定下一步該怎麼做。不必急著採取行動，給自己一點時間思考，這麼做有助於吸收對方想表達的重點，整理自己的感受與思緒，決定該怎麼看待這項意見。記得前面提過的情緒vs.理性表格嗎？

接納意見恐怕是整個過程中最困難的部分了。決定如何看待這個意見之後，請你說到做到，按照自己的計畫行動。實際做出調整、改善行為，會讓對方感受到你很重視這份回饋。認真看待對方的意見，試著採納他的建議，很可能會是鞏固這段關係最好的方法。

6

建立信任

你有沒有玩過「信任遊戲」？這個活動是這樣的：兩人一組，你站在大約一百五十公分高的地方，背對搭檔，閉上眼睛數到三，然後往後倒，讓搭檔接住你。你被接住的時候，全場的人都一起笑了開來，慶幸你們雙方都沒有中途放棄。要是信任只關乎強壯的臂膀、安定的平衡感，那事情就簡單多了。

某位姓名不詳的作家曾說：「信任是一種奇妙的資源，反覆運用不但不會損耗，反而愈發穩固。」信任需要時間建立，卻可能在分秒之間毀於一旦；建立信任，是關係經營當中最重要、也最困難的目標。

信任是一種奇妙的資源，反覆運用不但不會損耗，反而愈發穩固。

信任是怎麼建立的？開放的溝通態度；樂於分享；說到做到、言出必行，長期保持自己的言行與態度一致；遵守一段關係之中的共識，從中培養信用等等……這還只是一部分的例子。諷刺的是，在大部分的關係當中，我們通常得先擁有一定程度的信任，才有辦法培養出信任關係。

建立信任的時候，請運用你的自我覺察、自我管理技能，率先向對方展露、分享一部分的自己。請記得，一次分享一點點就好，沒有必要一口氣把全部的自己攤在對方眼前。

要經營人際關係，你必須管理自己對他人的信任；你在別人心目中累積的信任多寡，則是加深你們之間的關係不可或缺的要素。培養人際關係、建立信任都需要時間，請你找出生命中需要累積信任的幾段關係，運用自我覺察技能問問自己：這段關係缺乏了什麼要素？運用社會覺察技能，詢問對方該如何建立你們之間的信任關係，並仔細傾聽對方的回答。提出這個問題，代表你在乎這段關係，看在對方眼裡，將有助於培養信任、鞏固你們之間的連結。

7 建立「門戶開放」的策略

告訴你一個歷史小知識：「門戶開放政策」一詞源自於一八九九年，當時美國深怕錯失在東方的貿易特權，因此提出「門戶開放政策」，主張所有國家在中國市場應該享有平等的貿易管道。

「管道」，這是總結門戶開放概念的關鍵字。如今，門戶開放不只是貿易條約裡的用詞，更成了職場管理的重要觀念。實施門戶開放的公司，允許所有員工自由與任何職位的人交談，保持上下之間直接、簡單的溝通管道，促進企業內部的向上溝通。

不妨問問身邊的人，你是不是也該採取門戶開放策略，才能把人際關係經營得更好？假如你需要表現得更平易近人，歡迎別人隨時與你私下交談，門戶開放策略也許正符合你的需求。

請記得，你不必強迫自己隨時滿足所有人的需求，只要把你開放的態度傳達給對方，說到做到就可以了。你可以運用自我覺察技能，檢視門戶開放的效果如何，並管理自己的行為，讓這個策略發揮作用。運用社會覺察技能，持續觀察別人的狀況，也可以幫助你看出實施的效果。

別忘了，保持開放的溝通管道，對你的人際關係有益無害。它會為你打開溝通的大門，即使不是面對面的溝通（例如電子郵件或電話），對方也會覺得自己受到肯定、尊重，因為你願意為他們撥出時間。同時，這也是你了解別人的好機會，保持開放的態度，最後它會為你創造出雙贏的局面。

8 只在該生氣的時候生氣

「生氣不難，人人都會。但如何基於妥善的目的，對適當的人生氣，並且拿捏恰當的分寸，掌握正確的時機，以正確的方式生氣，那就不簡單了。」

感謝希臘哲學家亞里斯多德，他對於情緒管理、人際關係的這段觀察，是歷久不衰的名言。如果能精通生氣的技巧，你的ＥＱ之旅就等於成功了。生氣這種情緒之所以存在，自有它的理由——我們不應該壓抑、忽視自己的怒火。好好管理憤怒的情緒，善加運用，它就能改善你的人際關係。這是真的。

有一位足球教練，他在中場休息的時候總是開門見山、直指重點，教練嚴厲的批評牢牢抓住球員的注意力，讓球員專注於下半場比賽。回到球場上的時候，球員們已經重新打起精神，全神貫注，做好所有贏球的準備。這個例子當中，教練善於管理自己的情緒，藉此激勵他人採取行動。以恰當的方式表現憤怒，能夠將我們強烈的情緒傳達給對方，提醒對方正視情況的嚴重性。反過來說，憤怒表達過當、生氣的時機不對，會造成別人對我們的情緒麻痺，難以認真看待我們的憤怒。

我們需要一點時間練習，才有辦法運用如此強烈的情緒改善人際關係，畢竟我們不會天天遇到「練習生氣」的機會。實際運用這項訓練策略之前，需要做很多準備，第一步就是學習意識到自己的憤怒。

請你運用自我覺察技能，思考、定義自己不同程度的憤怒：從一點點惱火，到失去理智的暴怒。以具體的形容詞寫下這些情況，然後分別舉出一些例子，解釋你什麼時候會產生這種感受。接下來，請你思考在什麼時機表現出憤怒，才能對某段關係帶來正面效果，然後以這個標準決定什麼時候該生氣。做決定的時候，不妨運用社會覺察技能，想想看這件事情會牽涉到哪些人，他們又會作何回應。

請記得，關係經營的目的在於創造坦誠、深厚的人際連結，你的選擇與行為，都應該考量到這個目的。要做到這一點，你必須先對別人誠實、也對自己誠實，這也就代表有時候你必須善用自己憤怒的情緒。

9

不逃避現實

你和瑪姬在同一家公司的收發部門工作。你對她非常反感，要是能按個按鈕把瑪姬送到其他部門去，早在五年前你就這麼做了；問題在於沒有那麼好用的按鈕，而且你也沒有機會改變現況。更慘的是，老闆才剛指派你和瑪姬一起合作一項大型專案，簡直是火上加油。瑪姬提議在午餐時見個面討論下一步該怎麼做，你立刻想了一百種不克赴約的藉口。你早就公然拒瑪姬於門外了，這下該怎麼辦？工作還是毫無進展（這就是重點），擺在眼前的專案還是得做，你們必須想個辦法合作。

這就是關係經營技能派上用場的時候了。也許你不會選擇跟瑪姬交朋友，但是你們現在負責同一個專案，必須建立合作關係。和瑪姬合作的基本策略是：不要躲著她，也不要逃避這件事。接受現實，運用你的ＥＱ技能，學著和她合作。

你必須留意自己的情緒，決定該如何管理它們。合作關係裡不是只有你一個人，所以請你運用社會覺察技能，把瑪姬當成自己人，站在她的立場想想看。你可以和她談談，聽她分享相關經驗，以及對於這個專案的合作方式有什麼想法。觀察她的肢體語言，試著解讀她對你的回應，說不定她也一樣討厭你呢！這也許會讓你有點受傷，不過你的行動確實會為這段合作關係打下基礎。

接下來，你可以分享自己偏好什麼樣的合作方式，並與她達成共識。不必告訴瑪姬你根本不想理她，不過可以告訴她，你比較偏好獨立作業，也許你們可以各自負責專案的一部分，然後定期開會，確認彼此的工作狀況。如果瑪姬同意，那你們的工作流程就大致底定了。假如她不同意，這時候就該繼續運用你的自我管理、社會覺察技能，直到達成共識為止。

假如在討論過程中，你開始感到不耐煩（這很可能發生），請你反問自己為什麼會產生這種感受，判斷該如何自我管理。下次開會的時候，再重新與瑪姬溝通，提醒自己認清這個專案的目標。等到專案結束的時候，記得找個方法，肯定你們一起合力完成的成就。

10

承認對方的感受

假如大家都知道人際關係是你的罩門，不妨從這項ＥＱ訓練策略開始著手改善。假設某天早上，你把車停進公司的停車場，卻看見同事潔西忍著眼淚，從你旁邊的車子上走下來。你問她還好嗎？答案當然是不好。你的回應是：「嗯，工作忙起來你就會忘記這件事了，我們辦公室見。」你一直搞不懂，為什麼潔西接下來一整天都躲著你。

關係經營的關鍵之一，是走出自己的情緒舒適圈，花一些時間承認對方的感受，而不是試圖壓抑、改變它。你可以這麼說：「妳看起來很難過，我能幫上什麼忙嗎？」這句話會讓潔西知道，假如哭出來有助於改善她的心情，你很樂意幫她拿張衛生紙。只需要這麼簡單的舉手之勞，你就能肯定對方的情緒，同時又不會加以誇大、忽視或排斥。也許別人的情緒與你不盡相同，但每個人都有感受的權利；你不必認同對方的感受，但是應該要承認這份情緒的正當性，並予以尊重。

為了幫助你承認別人的情緒，我們再回頭看一次潔西的例子吧。請你運用社會覺察技能，專注傾聽她說的話，換個說法重述一次你聽到的訊息。這不僅表現出優秀的傾聽技巧，同時也代表你是關係經營的高手，因為你主動表達自己對她的在乎與關心。只需要花一點點時間關切對方，注意對方的感受，你就能強化這段人際連結，潔西的情緒也能平靜下來。

11

以互補方式回應對方的情緒或狀況

假如你打一通電話給電信公司，用冷靜的態度請客服人員從帳單上刪除一筆錯誤的費用，想必客服人員會以熱心、友善、禮貌的態度回應你的要求。

現在，假設你打了一通同樣的電話，但這次你的心情奇差無比。電信公司的疏失引燃了你的怒火，你焦躁不耐地打了客服電話，在線上等了整整十分鐘，問題根本沒有解決。客服人員接起電話的時候，從你的聲音裡聽出了端倪，於是以嚴肅的語調和你交談，聽起來他也想迅速幫你解決問題。你在心裡感謝他的專業精神和服務態度，從待辦清單上畫掉這件事，然後繼續回頭忙正事。這位客服人員擅長解讀別人的情緒線索，隨之調整應對態度，提供迅速、簡便的服務，找到對客戶和公司來說最好的處理方式。這位客服人員的高ＥＱ，也為他帶來升遷順遂的職業生涯，成為求職市場上的搶手人才。

這位客服人員採取的方法，正是關係經營的策略之一。要善用這項策略，必須運用社會覺察技能——傾聽、保持專注、站在別人的立場思考、辨認他人的情緒，選擇恰當、互補的方式回應。在你練習最後這一項，以互補的方式回應時，不代表你必須跟對方較勁，也不必和他產生相同的情緒。假如客服人員採取和你一樣不耐煩的態度，只會帶來反效果，反而會激怒你這位顧客；如果總是產生跟別人相同的情緒，也會讓你身邊的同事、朋友退避三舍。互補的回應方式則正好相反：告訴對方你明白、而且重視他的感受。

要練習在人際關係中以互補的方式回應情緒，請你回想一、二個造成明顯對立的情緒化場面，當時除了你以外，還要有一位以上的人在場。對方如何回應？他的回應有助於改善你的情緒，還是傷了你的心？他的回應方式是否與你的情緒互補？回答這些問題之後，這次該輪到你學習體諒對方的狀況，以互補的方式回應他們的情緒了。給自己一、二週的時間，隨時體察最親近的家人、同事的心情，告訴自己：你現在的職責是關注他們的情緒，在需要的時候從旁給予協助。不論是為他們打抱不平、還是擔心憂慮，都可以讓對方看見你善解人意的一面，代表你在乎他們現在經歷的事情。

12

表達你的在乎

這是一個真實故事，送給全球抱負遠大的高ＥＱ經理人。某天早上，我精疲力盡地搭上公司的電梯，為這一天揭開序幕。前一晚非常漫長，為了幫老闆完成某些企畫案，我很晚才睡。我走到自己的辦公桌前，竟然看見桌上放著一片黑白雙色餅乾，附上一張小卡：「感謝你幫忙完成文件！」是老闆送的，我簡直驚呆了。老闆是個日理萬機的大忙人，總是家庭事業兩頭燒，她竟然願意為了我嗜甜的味蕾，撥出幾分鐘的時間走進糕餅店，還提前進辦公室把餅乾放在我桌上。她窩心的舉動差點沒讓我掉下眼淚。

來談談這件事簡單又長遠的影響：這片餅乾激勵我更認真工作，我為公司付出更多，卻甘之如飴，也更忠於這個組織。

類似的故事以各種不同形式流傳，不過背後的策略都是一樣的。在你身邊，每一天都有人完美做好自己分內的工作，如果你在乎這件事，請不吝表現出來。

不要遲疑，也不要拖到下個禮拜，最好這個禮拜就採取行動，甚至就在今天，立刻把你的在乎告訴對方。不必送什麼貴重的禮物，一張簡單的小卡片、或是其他別出心裁的小東西就能表達心意、發揮影響力，強化你們之間的人際關係。

13

解釋決策背後的原因，不要單方面執行

身在人生地不熟的地方，又陷於伸手不見五指的黑暗之中，是非常嚇人的一件事。有個貼切的例子：露營的時候，你有沒有在夜裡抵達營地的經驗？這時候難以摸清周遭環境，你只能在一片黑暗中搭起帳棚，又是在這種荒郊野外，四周暗得什麼也看不見，靜得嚇人。你提心吊膽地入睡，祈禱別發生什麼事。

隔天早晨，你睜開疲憊的雙眼，鑽出帳篷，頓時震懾於周遭的美景：山水怡人，小徑旁林蔭夾道，可愛的小動物隨處可見。根本沒什麼好怕的——沒多久，你已經將昨晚的焦慮拋到九霄雲外，享受這一天的露營生活。真是的，你前一天到底在擔心什麼？

兩種情境中，任務、地點、裝備都完全相同，唯一的差別在於光線。別人為你做決定的時候就是這種感覺，不論有意無意，你身在黑暗之中，對於接下來的資遣、契約談判完全一無所知，就像在一片黑夜中紮營。假如這次公司資遣，

增加了你的工作量、改變你的排班，等到解雇通知發出去就知道了；假如稅額更動，等你看到薪水單就知道了。沒有求助管道、沒有緩衝期，上面說了算。

這種做法令人難以接受，因為我們不是小朋友，也不是任何人的附屬品。大家都是獨立的成年人了，在贊同一個想法之前，我們必須了解決策背後的原因。

運用EQ技能經營人際關係的時候，請你把這件事情放在心上。不要強硬改變方針，期待所有人被動接受，而是應該花時間解釋決策背後的原因，包括其他可能方案，以及為什麼最後決定的做法會是最佳選項。假如能提前徵詢大家的看法和意見，那就更好了。最後，請表明你了解這項決策對每個人造成的影響。即使這項決策對自己不利，人們仍然會讚賞這種透明、公開的做法。上司透明、公開的態度，也會讓下屬感受到信任、尊重，以及自己與企業之間緊密的連結，而不只是一個口令一個動作，永遠被蒙在鼓裡。

假如你習慣憑一己之力，迅速做出決策，你的個人能力也許非常優秀。舊習難改，畢竟它已經深深刻在腦的神經迴路當中；不過現在是時候建立新的迴路、培養社會能力、改善你的決策技巧了。

首先，我們必須挑選出接下來需要面對的決策。請你瀏覽接下來三個月的行事曆，看看這段時間必須做出哪些決定，然後從這些資訊反推回去。有哪些人會受到這些決策影響？請你列出受到每一項決策影響的完整名單，規畫一下要在何時何地與這些人討論相關細節，包括做出這項決策的原因以及決策過程，如果需要為了這件事特別召開一場會議也無妨。規畫議程與用字遣詞的時候，請運用你的社會覺察技能，站在對方的角度思考，才能在決策前、決策後，以符合聽眾期待、偏好的方式進行談話。

14

表達意見要直接、有建設性

回想看看，別人給予你最有幫助的意見回饋是什麼樣子？來自別人的意見也許不是你主動要求，你也沒有心理準備，卻從此改變你未來的行為。這個意見回饋，也許塑造了你的整體工作表現，決定你處理某些特定狀況的方式，甚至改變你的職涯發展。為什麼這項意見如此寶貴？

假如給予意見回饋是你的職責之一，有一些指南手冊會為你介紹整個流程，確保你遵守法律以及人資規定。別急，我們還有個消息要告訴你：單純只是遵守法律規章，並不會讓你的意見回饋成為一個人改變工作表現、改頭換面的關鍵；但是在回饋當中善用ＥＱ知識，卻可以做到這一點。

意見回饋與ＥＱ之間的關係是這樣的：給予意見回饋是足以建立人際關係的大事，必須將四種ＥＱ技能全部用上才能發揮最佳效果。請你運用自我覺察技能，檢視自己對於給予回饋有什麼感受。這件事給你的感覺好不好？為什麼？回

給予意見回饋是足以建立人際關係的大事，必須將四種EQ技能全部用上才能發揮最佳效果。

答了這些問題，你對自己又有了新的了解；接下來請運用自我管理技能，決定該如何運用這項新的訊息。舉例來說，假如你不喜歡指正別人的電話禮儀，因為你不希望他們覺得你老是偷聽別人講電話，那麼該如何克服這層焦慮，以自信的態度給予意見回饋？做法取決於你，不過別因為感到不自在，就忽視了自己的意見。

下一步，請運用社會覺察技能，考慮一下接受意見回饋的對象有什麼感受。別忘了，意見回饋應該對事不對人。對方聽到什麼樣的表達方式，才會覺得這項意見清楚、直接、有建設性，又不失尊重？有建設性的意見回饋應該具備二大要素：一是分享你的看法，二是提供改變現況的解法。舉個例子，假設你要向陶德反映意見，陶德是個非常直來直往的人，假如拐彎抹角地暗示他改善電話禮儀，反而對他是種羞辱。不過，如果你這次的意見回饋就是希望陶德告訴別人壞消息的時候委婉一點，那麼不妨分別用委婉、直接的措辭表達你的意見，讓他聽出其中的差別，從中學習。

另一位同事珍妮，則是個敏銳善感的人。由於給予意見回饋的重點在於建立良好人際關係，請你在拿捏措辭的時候考量到珍妮的性格。多使用委婉的說法，在陳述意見之前加上「我覺得」、「我相信」、「這一次」等語彙，可以稍微緩衝批評的力道。不要說「妳的報告真是糟透了」，應該換個表達方式：「我覺得妳的報告還有一些地方可以改善，介意我提供一點建議嗎？」以這種方式提供改善建議，能夠表現出熱心助人的態度，而不是高高在上的命令。最後，記得詢問對方的想法，感謝對方傾聽你的意見。

15

保持「立意」和造成的「影響」一致

假設你正在開會，下一個討論議題是找出團隊拖延某些重要交期的原因。經過幾番討論，看起來安娜好像該為這件事負起一部分責任，會議氣氛越來越緊張。為了緩和氣氛，你說：「天哪，安娜，一定是因為你午餐吃太久了，拖到工作進度啦！」

沒有人笑，全場一片死寂。你不懂自己做錯了什麼，稍後你告訴安娜：「我只是開個玩笑。」但她看起來真的生氣了。眾所周知，有些人到了最後老是以這句話作結，他們立意良善，但是造成的結果或影響總是不如預期，即便道歉也為時已晚。

再舉個例子。有位經理非常重視成果，她想要帶領團隊達成更遠大的目標，這個出發點很好。但是她太專注於成功，以致於過度投入工作（獨自完成大部分的工作，或是強迫所有人用她的方法做事）——她完全忘了要領導團隊合力完成工作。在下屬眼中，她成了吹毛求疵又吝於分享知識的工作狂經理，但她一開始的立意卻是希望團隊從她身上學習經驗、邁向成功。這個例子也一樣，經理的立意良好，卻帶來完全相反的影響。她與下屬之間的關係已經難以挽回，而這位經理仍然不明白為什麼下屬討厭她。

假如你覺得自己常常花時間在彌補問題、修復破裂的關係，或是不太確定自己的人際關係究竟出了什麼問題，請先明白這些情況都是可以避免的。運用你的覺察能力、管理技巧，只需要一點小小的改變，一切都會不一樣。

為了保持你的言行舉止與用意一致，必須運用社會覺察、自我管理技能，觀察當下的情境以及身在其中的相關人士，在發言、行動前審慎思考，以細心體貼的態度做出適當回應。我們來做個簡單分析吧！你的言行舉止是不是也曾經造成預料之外的影響？請你回想其中一次情況，拿張紙寫下事件經過：你原本的用意是什麼？你採取了哪些行動、造成什麼影響？這件事最後結果如何，其他人又作何反應？接下來，請寫下你當時不明白的細節。現在回頭想來，你對這件事有哪些新的領悟？當時錯失了哪些線索，你對於自己、對於他人又有哪些新的理解？

最後，請你回答當時應該怎麼做，才能保持你造成的影響與原先的用意一致。如果你不確定答案，不妨問問當時在場的人。

以安娜的例子來說，你沒有發現開玩笑的時機不對，當時說出那句話，等於是公然孤立她。下一次假如想要緩解氣氛，你會拿自己開玩笑，而不是把別人當成笑柄。至於那位成果導向的經理，則是不明白如何激發下屬的工作熱情，沒有留給下屬空間、時間讓他們自己成長。要增進關係經營能力，在行動之前必須先看出這個行為能否帶來預期的成果。行動與想要造成的影響一致，才不會糟蹋了你的一番美意。

16

運用小工具修補破裂的對話

機場服務人員總是在第一線承受無法避免的壞消息——機械問題與天候問題造成航班延誤、遺失行李、機位超賣……族繁不及備載。服務人員會運用一些「修補工具」，像是安排其他班機、補償餐券等等，修補旅客被破壞的好心情，幫忙解決問題，然後達成最終目標，也就是平安將旅客送達目的地。

可以大膽猜測，我們每個人都有過需要修復的對話經驗。有時候簡單的討論卻演變成激烈爭吵，或是在原地打轉沒有結論。對話破裂的時候，總有人回頭翻舊帳，說出不該說的話，雙方交相指責。不論誰說了什麼話、是誰先「開始」的，都是時候回到重點、修補對話了。我們需要有人退一步，迅速評估狀況，把這段破裂的對話修補好。

要完成這件事，你必須停止指責別人，專注於修復關係。你想要證明自己是對的，還是想要解決問題？請運用自我覺察技能，分析自己對這個情境有哪些貢獻。運用自我管理技能，先將你平時容易產生的反應放到一邊，選擇化解衝突的最佳途徑。運用社會覺察技能，則有助於辨認另一方的感受，或是對方帶來的正面影響。同時檢視雙方的狀況，可以幫助你找出溝通破局的關鍵，判斷哪一種「修補用的句子」可以派上用場。你的修補句子就像對話裡的一陣新鮮空氣，應該保持中立的語調，尋找雙方共識。修補句子可以很簡單，例如開口承認「這確實很難」，或是詢問對方的感受，這些都是方便運用的修補句子。在大多數的對話當中，修補句子都能帶來正面效果，即使對話真的破局，這些修補句子也不會帶來任何壞處。

這個策略可以在情緒起伏的時候幫助你維持開放的溝通管道，經過努力練習之後，你也能夠在對話破裂到無法挽回之前，先採取行動加以彌補。

你的修補句子要像對話裡的一陣新鮮空氣，應該保持中立的語調，尋找雙方共識。

17

善加處理棘手對話

「為什麼升遷的不是我？」你的下屬茱蒂絲問道，語調略帶防衛，聲音顫抖，神情受傷。這下傷腦筋了。你還來不及向茱蒂絲提起這件事，羅傑升遷的消息卻提前走漏。你很看重茱蒂絲，也肯定她的工作表現，但必須向她解釋，你認為她還沒有準備好邁向下一個階段。這還不是這次對話最棘手的部分，該如何將傷害降到最低，那又是另一回事了。

不論在會議室還是休息室，棘手的對話總會找上門，但是只要掌握幾個竅門，以冷靜、有效的方式加以應對並不是天方夜譚。人人都得面對這些傷透腦筋的情況，別想逃避，你絕對逃不掉的。也許ＥＱ技能無法憑空把這些狀況變不見，不過假如能學會幾招新的應對技巧，處理類似情況的時候你會更如魚得水，也不會因此破壞了一段人際關係。

1. 以贊同的態度開頭。

假如你知道這場對話很可能發展成對立局面，不妨以雙方的共識開啟對話。你可以坦然同意這次溝通並不容易，但是對你們都有重要意義；或者提出雙方共同的目標，創造贊同的氛圍。例如：「茱蒂絲，首先我希望妳明白，我很肯定妳的表現，也很抱歉沒有在妳從別的地方聽到這件事之前，先親口告訴妳。我想趁這個機會好好跟妳解釋，妳有任何問題也都可以問我。當然，我也想聽聽妳的看法。」

2. 請對方幫助你了解他們的立場。

人們渴望被理解，假如自己的聲音沒有被聽見，我們會感到挫敗。請你在挫折感浮現之前先對症下藥，邀請對方分享他的觀點。你可以視情況管理自己的情緒，不過記得專注於理解對方的看法。以茱蒂絲的例子來說，你可以這麼說：「茱蒂絲，在談話過程中，不論妳有什麼想法都歡迎隨時告訴我，我希望能了解妳的看法。」尋求茱蒂絲的意見，代表你在乎這個人，也希望進一步了解她。這就是你經營、鞏固這段人際關係的好機會。

3. 不要在心裡盤算該如何反駁。

腦沒辦法在專注傾聽的同時思考接下來該說什麼。運用自我管理技巧，讓內在的聲音平靜下來，專注於眼前的這個人。以茱蒂絲的例子來說，她錯失了期待已久的升遷機會，而且還是從小道消息聽說這件事。我們面對現實吧——如果你還想維持這段人際關係，那就必須安靜聽她訴說自己有多震驚、失望，控制住為自己辯駁的衝動。

4. 幫助對方了解你的立場。

現在，該輪到你向對方解釋自己的立場了，請向對方說明你的為難，你的想法、主張，以及背後的緣由。請以簡明易懂的方式溝通，別兜圈子，也不要拐彎抹角。以茱蒂絲的狀況為例，你這時候的答覆對她來說可能成為寶貴的意見回饋，這也是她應得的回報。在這個階段會比較適合你向茱蒂絲好好解釋，羅傑的經驗比較豐富，目前也更適合擔任這個職位。畢竟羅傑升遷的消息提前走漏，導致茱蒂絲以不太令人樂見的方式得知這件事情，你應該先為這件事表達歉意。面臨溝通難題，能向對方解釋自己的想法，以同理的態度展開直接對話，這就是關係經營的關鍵能力之一。

5. 推進對話。

雙方了解彼此的立場之後，也許對立仍然存在，但還是得有人負責推動對話發展。以茱蒂絲的例子來說，你就是負責推進對話的那一方。請試著找出雙方的共識，你可以這麼說：「很高興妳直接來找我溝通，我們才有機會好好談這件事。我了解妳的想法，相信妳也明白我的立場了，我還是很期待妳未來的成長，也很樂意幫助妳累積需要的經驗。妳有什麼想法？」

6. 保持互動。

要解決棘手的難題，我們在對話結束之後，還需要花更多心思關照後續發展。請你勤於確認對方的進度，詢問對方是否滿意，在合作過程中保持互動。要維護一段人際關係順利運作，你負有其中一半的責任。在茱蒂絲的例子當中，你們可以定期討論她的職涯發展和升遷機會，持續表達你在乎她的進步狀況。

面臨棘手溝通情境的時候，請你實行上述策略，準備找出解決問題的最佳途徑，保持開放的態度，不要自我防衛。一樣是令人傷透腦筋的對話，但你可以不必為此損失人望，甚至能將之轉化為鞏固人際關係的良機。

|結語|

數據會說話：EQ最新發現

Just the Facts: A Look at the Latest Discoveries in Emotional Intelligence

我們所創立的國際ＥＱ培訓公司TalentSmart首度釋出「ＥＱ評量測驗」的時候，ＥＱ這個概念才剛剛在企業領導人與專業人士的腦中紮根；對於所有追求快樂、健康生活的民眾來說，ＥＱ也才剛進入視野不久。「ＥＱ評量測驗」的測量方式迅速簡單，又能立刻為受試者指出改善ＥＱ的具體方法，因此轉眼間便流傳開來。人們藉此運用ＥＱ這項新發現的情緒奧祕，強化人際關係、決策能力、領導能力，打造更成功的企業組織。在TalentSmart，我們見證了成千上百位學員的成長，他們來自企業的各個階層，在此一同踏上提升ＥＱ的旅程。

自此之後，ＥＱ訓練的領域發展興盛，長期下來，我們特別專注於追蹤整體情況的變化。研究過程中時有驚人的新發現，對我們團隊也是一大鼓舞。在各項研究成果當中，不變的是ＥＱ技能的重要性：不論在個人或專業領域，想要擁抱快樂、健康、豐富的生活，ＥＱ都是不可或缺的關鍵。說得更精確一點，這些研究成果為ＥＱ的兩性競爭、世代差異，以及人們對地位頭銜、高薪工作的追求都帶來新的見解，此外我們也能藉著這些線索，判斷哪些國家在日漸全球化的經濟環境當中，已經做好了成功的準備。對於追求提升ＥＱ的民眾而言，這些研究結果無疑帶來了希望。

以下是我們的發現……

EQ暖化，冰層融解：二〇〇〇年後的EQ演變

二〇〇八年底，我們詳細調查了二〇〇三年以來美國民眾的整體EQ變化。如果是曾經接受我們的EQ測驗、經過訓練的學員，EQ會有所進步並不意外，不過就連新進學員的EQ也一樣逐年攀升，這點就很耐人尋味了。年復一年，上升的趨勢不變，從來沒有接受過測驗、也沒有經過EQ訓練的新學員，EQ成績仍然持續緩慢爬升。二〇〇三年至二〇〇七年之間，我們發現美國整體勞動人口的EQ分數明顯有所提升。

持懷疑態度的人看了這張圖表，也許會想：五年之間才上升四分而已！有必要這麼小題大作嗎？但是請想想看，平均氣溫只要微幅上升一、二度，就足以對生態系統產生顯著影響。人們在職場上的行為也是相同道理，隨著平均EQ「暖

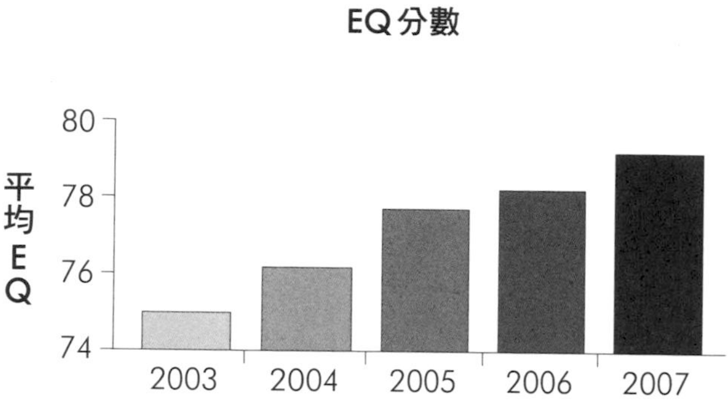

化」，低EQ的冰層已經開始融解。

再更仔細檢視EQ廣泛提升造成的具體改變，便能看出它真正的影響力。在這五年之間，高度了解自己與他人情緒的人數占比，從百分之十三・七上升到百分之十八・三。同一時期，不了解焦慮、挫敗、憤怒對於自己的行為有何影響的比例，則從百分之三十一降到百分之十四。美國的勞動人口數是一億八千萬人，以這個比例計算下來，代表和二〇〇三年相比，在衝突一觸即發的狀況下，仍能保持冷靜的人數多了九百萬人；面臨艱困處境，仍能關心同事與顧客的人數多了九百萬人；渾然不知自己的行為對他人有何影響的人數，則少了整整兩千五百萬人。

這項發現的特別之處在於，這些受試者在

年分	高EQ民眾占比	低EQ民眾占比
2003	13.7	31.0
2004	14.7	19.0
2005	14.8	18.5
2006	15.1	17.1
2007	18.3	14.0

接受ＥＱ測驗之前，幾乎都沒有經過任何正式的ＥＱ訓練。但他們的平均ＥＱ分數卻年年穩定增長，就好像是刻意訓練ＥＱ的人，在社會上影響了對ＥＱ一無所知的人一樣。ＥＱ是會傳染的，就像情緒一樣，這也就表示我們的ＥＱ技能深受周遭環境和人群影響。越常與有同理心的人互動，我們會成為越有同理心的人；花越多時間與願意開放討論情緒的人相處，我們就越善於辨認、理解情緒。正因如此，ＥＱ是能夠透過後天學習的技能，而不是全憑天分決定、只有少數幸運兒擁有的特質。

但是好景不常。二〇〇八年，自從我們開始追蹤ＥＱ趨勢以來，整體ＥＱ分數首度下滑，證明了ＥＱ有多麼變化不定。

EQ 分數

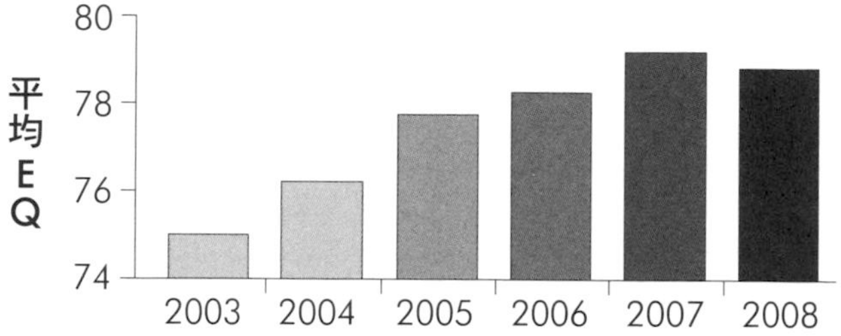

美國聯邦政府經濟學家指出，從二〇〇七年十二月開始，美國走入七十年以來的經濟低谷，這也代表二〇〇八年沒有一天不是處於經濟衰退之中。二〇〇七年至二〇〇八年之間的ＥＱ分數倒退，是經濟困擾下的產物。面對任何困難，不論是經濟、家庭、工作方面的困擾，都會加重負面情緒的強度與持續時間，長期下來造成額外壓力。我們為這些壓力付出生理上的成本，例如體重增加、心臟病風險；除此之外，它也會耗費我們的心理資源。面對日常生活中的重重考驗與煩惱，在沒有壓力的情況下，我們可以刻意撥出額外的心力保持理智、冷靜，對自己處理突發狀況的能力也更有信心，願意以理性思維克服棘手難題。但是不受控制的壓力，則會消耗掉這些心理資源，導致我們的腦倒退到某種戒嚴狀態：情緒獨攬大權，發號施令支配行為；理性則努力改善糟糕透頂的狀況，無暇顧及其他。在一片榮景的時候，專案上碰到一點小挫折本來沒什麼；在經濟衰退期，它卻不再是件小事，反而像一場毀天滅地的大災難。面臨壓力是最需要EQ技能的時候，許多人的EQ技能卻往往在這時棄他們而去。唯有經過完善訓練、擁有接近直覺的EQ技能，才能安然度過這場暴風雨。

這個壓力源顯然對於整體EQ分數影響甚鉅。二〇〇七年，高EQ的人占了百分之十八．三，到了二〇〇八年，卻降到只剩下百分之十六．七。換言之，在這場為高EQ社會奮鬥的戰爭當中，我們一年內喪失了二百八十萬名精兵。這二百八十萬人本來可以在社會上展現出高EQ行為，成為其他人的典範，現在卻難以維持自己的EQ技能。

換言之，在這場為高EQ社會奮鬥的戰爭當中，我們一年內喪失了二百八十萬名精兵。

年分	高EQ民眾占比	低EQ民眾占比
2003	13.7	31.0
2004	14.7	19.0
2005	14.8	18.5
2006	15.1	17.1
2007	18.3	14.0
2008	16.7	13.8

兩性之爭：EQ與性別

席菈剛出社會的時候進入一間跨國顧問公司工作，擔任醫療保健領域的財務顧問。她的亮眼表現令顧客驚艷，獲得上級一致好評，不消幾年，她就被挖角到現在任職的公司——美國中西部一間大型的區域醫療保健機構。席菈才三十出頭，已經高居助理副總裁的位子，升上高層的一天指日可待。她效命過的長官一致同意席菈很「聰明」，但是席菈的優秀顯然不僅於此，還有一些難以說明的特質。席菈剛入行不久的時候，一位主管經理看了她屢次化解緊張局勢的手腕，以一句話總結席菈成功的祕密：她懂得「擄獲人心」。

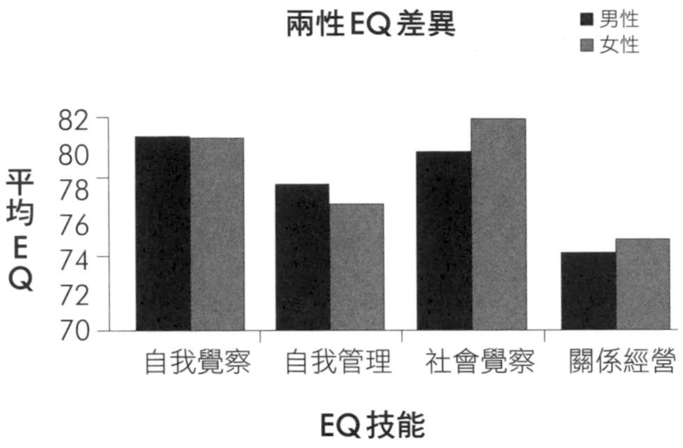

二〇〇三年，我們發現像席菈這樣的女性所表現出來的EQ技能，與男性的表現有顯著差距。女性在自我管理、社會覺察、關係經營的表現都優於男性，只有在自我覺察這一項EQ技能，男性與女性能平分秋色。

但是時代不斷演變，男性也不一樣了。

如上圖所示，兩性辨認自己情緒的能力仍然不相上下，這一點與二〇〇三年的情況相同。不過男性管理情緒的能力已經超越女性，這項改變可以歸因於社會規範的變遷。

這段時間的社會規範演進對男性有利，鼓勵男性花更多心力關注自己的情緒，這麼做也能幫助他們釐清思緒。因此這項發現一點也不令人意外：決策技巧排名前百分之十五的男性領導人之中，有百分之七十的人ＥＱ得分也名列前茅；反之，低ＥＱ的男性領導人當中，則沒有任何一個人擁有優秀的決策技巧。這個結論也許不太直觀，不過要做出良好的決策，最合理的方法顯然是管理好自己的情緒。對於現在的男性來說，花時間排解憤怒或挫敗的情緒已經不再是弱者的象徵，男性反而能為了追求更優秀的判斷能力，自由管理自己的情緒。

高處不勝寒

談ＥＱ的書堆得像山一樣高，也許你會因此認為企業主管一定很擅長管理情緒。不過，我們在《哈佛商業評論》發表的文章〈冷血老闆〉（'Heartless Bosses'）當中談過這個問題，研究結果顯示老闆們的ＥＱ觀念還不夠普及。我們測量了五十萬位高階主管（其中包括一千位執行長）、經理、基層職員的ＥＱ分數，受試者來自六大洲的各種產業。從企業階梯底層開始，職銜越高，ＥＱ分數也隨之上升，一直到中間管理階層都維持這個趨勢。中階主管的表現亮眼，擁有勞動人口中傲視群雄的ＥＱ分數。不過，到了中間管理階層以上，ＥＱ分數卻呈現驟降趨勢，協理階層以上的ＥＱ下滑速度，簡直比在黑鑽級陡峭雪道上衝刺的滑雪選手還快。平均來說，執行長的ＥＱ是整個職場當中最低的。

領導者的主要職責在於善用人力、完成工作。也許你會想，既然如此，一個人的職位越高，ＥＱ技能不是也越優秀才對嗎？數據顯示的結果卻正好相反。許多領導者之所以受到拔擢，是因為他們擁有優秀的專業知識或工作資歷，而不是因為管理技能。在他們爬到頂點之後，反而更少有時間與部屬互動。然而，擁有高ＥＱ的主管，同時也是主管當中最成功的一群。我們發現在所有領導技能當中，ＥＱ技能對於工作表現最不可或缺；高ＥＱ的人表現永遠比同儕優秀，不論你的職銜是高是低，這都是不變的道理。

平均來說，執行長的ＥＱ是整個職場當中最低的。

各職銜平均EQ分數

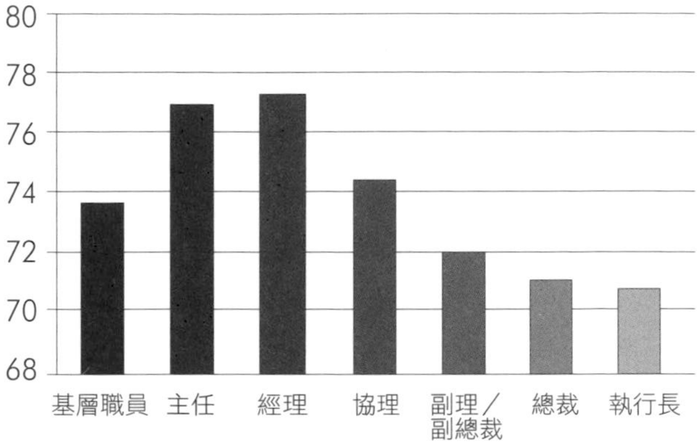

世代差異：EQ與年齡

隨著嬰兒潮世代到達退休年齡，大量勞動人口開始從職場退休。美國人事管理局的資料顯示，二〇〇六至二〇一〇年之間，這波大退休潮將會導致多達二十九萬名全職資深員工離開美國企業職場。

嬰兒潮世代退休享受清幽生活，職場上少了點銀髮、少了點見證過甘迺迪遇刺案的人，國庫裡少了點退休金；然而，他們從這個運轉不順的經濟引擎當中帶走的遠不止這些。職場上的高階領導人大多屬於嬰兒潮世代，他們退休後將會導致巨大的領導缺口，必須由下一個世代接手遞

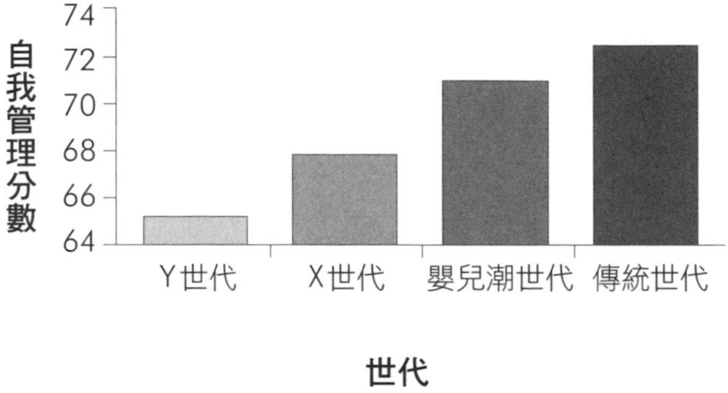

補。問題在於，後繼者準備好迎接挑戰了嗎？

為了找出答案，我們分別檢視現今職場上四個世代的ＥＱ分數，分別是Ｙ世代（出生於一九八〇年代至一九九〇年代）、Ｘ世代（出生於一九六六年至一九八〇年）、嬰兒潮世代（出生於二次世界大戰後）、傳統世代（出生於一九四六年前）。將四項核心ＥＱ技能分開檢視，可以發現嬰兒潮世代與Ｙ世代的ＥＱ分數之間有巨大的斷層。簡而言之，事情不如人意的時候，嬰兒潮世代比年輕世代更不容易情緒失控。

乍看之下，這點也許不值得擔憂。畢竟從羅斯福總統簽署社會安全法案（Social Security Act）以來，退休就成了人生的一項現實。就連把影星丹尼斯・霍伯視為非官方代言人的《逍遙騎士》世代，都成功扛起了「偉大世代」（出生於一九〇〇年代至一九二〇年代）留下的超人工作量，那麼未來的領導人要接手嬰兒潮世代的工作，又會有什麼難的？

但是，沒有完善的自我管理技能，從上個世代手中接棒恐怕比我們想像中來得困難許多。當然，Y世代的工作方式也許與嬰兒潮世代不同，但是許多人都認為差異並不代表不好。Y世代博學多聞，懂得善用科技，在資訊時代說不定還能成為老前輩們不可或缺的左右手呢！然而，各位讀者看到這裡，想必已經很清楚了：成為一部會走路的維基百科，並不等於具備了優秀的領導能力。假如Y世代連自己都管理不好，該如何管理別人？更遑論領導整個組織了。

在我們公司內部，我們反覆辯論，試著解釋世代之間的自我管理能力為什麼會出現這道鴻溝。其中一個可能是，Y世代出生於電玩遊戲氾濫、網際網路發達的時代，習慣立即得到滿足，再加上家長溺愛的傾向，造就了一群任性放縱的年輕勞動人口，一碰上難題就控制不住情緒。但是，這些歸因都沒辦法徹底說服我們。

換個角度檢視數據資料，整體情況就看得更清楚了。自我管理技能隨著年紀增長穩定上升——六十歲的自我管理分數高於五十歲，五十歲又高於四十歲，以此類推。這也就代表，年輕世代的自我管理技能不足，其實與無法改變的因素幾乎無關。這並不是因為他們生在iPod和臉書普及的年代；一切只是因為X世代和Y世代的生命經驗還不夠多，沒有足夠的時間練習管理情緒。這是好消息，代表Y世代雖然沒有辦法讓時間倒流、改變自己的成長背景，但是自我管理能力還可以靠後天努力練習。

這項發現除了揭露世代差異之外，也顯示了EQ的可塑性。透過練習，任何人都可以提升辨別、管理情緒的能力，實際上也有無數人因此受惠。培養這些技能需要時間，但是刻意練習可以大幅縮減所需時間，甚至只要花費一般所需時間

年輕世代的自我管理技能不足，其實與無法改變的因素幾乎無關，並不是因為他們生在iPod和臉書普及的年代。

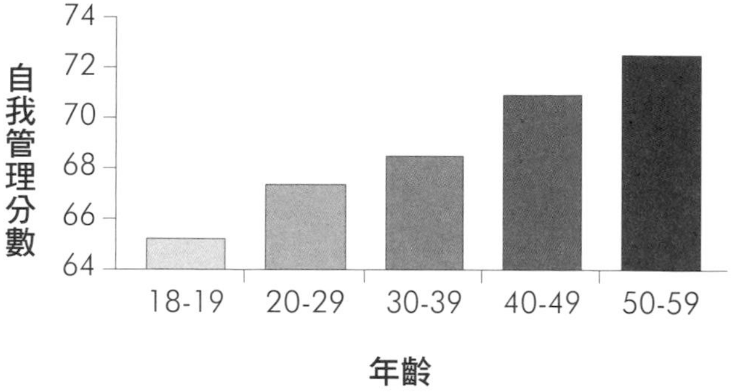

的一小部分，即可達到同樣的ＥＱ水準。Ｙ世代的特徵之一，正是迅速吸收新知、學習技能的能力，這也就表示要不要為了加速ＥＱ成長下苦功，完全取決於個人選擇。Ｙ世代可以選擇讓ＥＱ自然發展，等到五十歲才掌握管理情緒的技巧，也可以選擇親自掌控ＥＱ發展進程。假如Ｙ世代願意，大可現在開始行動，不出幾年，就能像身經百戰的職場老兵一樣，泰然自若發揮領導能力。

嬰兒潮世代傾向儘早退休，對於才華洋溢的Ｙ世代青年朋友來說，準備接下領導角色已經不是一種選擇，而是必須扛起的責任。假如願意投資時間、心力訓練ＥＱ，練習在無益於解決問題時控制發言的衝動，即使在情緒煩躁時仍然保持開放的溝通管道……滿足這些條件的Ｙ世代接班人，才能夠優先補上未來企業中空缺的領導位置。領導地位不只帶來更優渥的薪資，對於一向渴望改變世界的Y世代而言，權力也代表了主導變革的能力。

中國崛起的祕密武器：EQ與文化

「中國製造」的意義已經和以往大不相同。長久以來，我們一向認為中國在全球經濟當中唯一的競爭優勢，就是十三億勞工的體力勞動。然而在美國企業對中國勞工潛力視而不見的同時，中國的技術勞動人口急速增長，現在已經成為美國企業最大的競爭威脅。這是怎麼回事？

忘掉沃爾瑪每年要從中國進口二百五十億美元商品的新聞吧，那已經是舊聞了。現在，中國已經培養出高知識的勞動人口，足以管理金融、電信、電腦運算等部門。很驚訝嗎？沒什麼好驚訝的。二〇〇四年，中國的電腦產業龍頭聯想集團以十二億五千萬美元併購了IBM的PC部門。二〇〇五年，一間擁有五千兩百一十億美元資產的中國銀行展開首次公開募股（IPO），這場該年度全球規模最大的ＩＰＯ引發美國投資者爭相認購。這是中國大型金融機構首次提供國際配售股份，而且這家規模巨大的銀行，在中國的銀行當中仍然只排到第三大。雖然中國還沒有在這場經濟角力中完全勝出，但是眾所周知，中國這幾年來已是美國最大的債權國。

中國從最初的廉價勞力供應國，逐漸爬上知識產業領導地位，在這場重大轉型當中，ＥＱ究竟扮演了什麼樣的角色？我們公司的研究人員為了找出答案，於二〇〇五年夏天測量了三千位中國高層主管的ＥＱ。研究結果揭露了中國經濟成功背後出人意料的祕辛：自律。這一點同時也嚴重威脅美國在全球市場上的競爭力：美國高層主管的平均自我管理、關係經營分數，比中國高層主管低了整整十五分。

美國高層主管的平均自我管理、關係經營分數，比中國高層主管低了整整十五分。

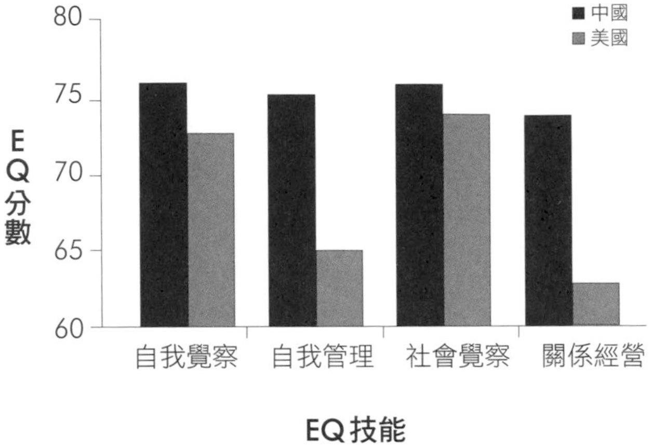

參加這項測試的三千位中國高層主管，全都是土生土長的中國人才，他們來自中國各個公私部門，以中文進行「ＥＱ評量測驗」。中國主管的自我覺察、社會覺察分數雖然也比美國主管稍微高出幾分，但是兩者在統計上的差異並不顯著。這代表，兩個國家的主管對於自我與他人的情緒認知能力相差不遠，但是中國主管懂得善用這種能力，事實勝於雄辯。

美國主管往往只是負責核准人力資源部門將這些特質納入公司的職能模型當中，中國主管卻是親身實踐了這些特質。美國領導階層愛將高ＥＱ行為掛在嘴邊，卻沒有以身作則，顯然他們雖然重視意見回饋、團隊合作、了解同事、信守承諾，但是只願意動一張嘴說說而已。

在中國，企業貼近個人生活早已成為常識，主管定期安排餐會，與職員討論產業趨勢、職涯目標，不只談公事，也聊家庭。人們期待領導者成為優秀的典範，示範如何進行決策、建立人脈、持續進步。下屬是真的在乎這件事，所以領導人若沒有做到這些義務，可說是奇恥大辱。

這項研究結果帶給全球的啟示已經很明顯了：我們必須用心學習管理情緒，否則就會嘗到苦果。不論一個國家是想要在全球經濟環境中保住當前競爭優勢，還是剛剛開始崛起，EQ與經濟繁榮之間的關係都一樣不可小覷。考量到社會文化因素，中國在這方面多少有些優勢。假如在你成長的文化當中，不但不鼓勵發洩情緒、欠缺顧慮等自私的表現，還將其視為一種丟臉的行為，這種成長背景多少會影響到你自我管理、經營關係的方式。一如我們之前討論過的，EQ非常容易受到文化影響。問題在於，我們的文化因素究竟是鼓勵高EQ行為，還是反而妨礙了EQ的養成？

有句俗諺說：「給人一支釣竿，他可以釣一個星期的魚。告訴他用什麼餌，他可以釣一天的魚。假如教他釣魚的方法、告訴他在哪裡釣魚，這個人一輩子都不愁沒魚吃。」這句俗諺的反面告訴我們，假如一個人沒有釣竿、沒有釣餌，又缺乏知識，不知道釣魚的方法、也不知道該到哪裡釣魚，飢餓的危機就迫在眉睫。同樣的道理，一個人假如對情緒無知，不懂得情緒會在哪裡、以什麼方式影響人生，想要釣到「成功」這條大魚，可得白費不少苦工。反過來說，運用正確的工具與訓練策略，善加駕馭自己的情緒，我們就有了成功的本錢。不論對於個人、企業組織，甚至是整個國家，這都是不變的真理。

尾聲反思：EQ與未來展望

整體而論，這些發現確實激勵人心，但是同時也帶來嚴厲的警訊。美國民眾的ＥＱ五年來持續穩健上升，卻在二〇〇八年無預警下滑，以及男性的ＥＱ水準提升，這些例子在在告訴我們，ＥＱ是一項可以學習、卻也可能遺忘的技能。就像我們在夏天努力減重，可能到了冬天放年假的時候又胖回來；ＥＱ也是一樣的，千辛萬苦鍛鍊出來的ＥＱ技能，過了一段時間也可能變得生疏。這也就是為什麼我們會建議讀者，最好每隔一段時間，就拿出本書溫習一下，複習ＥＱ技能的訓練策略。

換作是打高爾夫球、或是彈鋼琴，假如只練習六個月就不再接觸，你應該不會期待自己還能永遠維持相同程度吧？培養ＥＱ技能也是同樣的道理。假如疏於督促自己，不再勤於鍛鍊這些技能，未來面對困境的時候，情緒遲早會失去控制，壞習慣又會重新找上門。這些努力習得的技能來得快，去得也快，臨走時還會一起帶走高ＥＱ為你掙來的優渥薪資、穩固人際關係，還有良好的決策能力。

| 附錄 |

讀書討論會
建議討論題目

Discussion Questions for
Reading Groups

討論ＥＱ有助於銜接學習與實際應用之間的斷層。不妨運用以下這些問題，與閱讀小組展開深入討論，了解如何在日常生活中運用四大ＥＱ技能。

1. 閱讀小組當中，有多少人在閱讀本書之前已經熟知「ＥＱ」這個概念？
2. 假如你之前從來沒有聽過ＥＱ，讀完這本書之後，你最重大的發現是什麼？
3. 假如你之前已經了解ＥＱ，讀完本書之後又有哪些重大發現呢？
4. 布奇・康納遇上鯊魚的時候，強烈的情緒支配了他的行為。你有沒有遇過類似的經驗？
5. 你有沒有注意到，情緒湧現的時候會產生哪些生理上的徵兆？例如：生氣的時候臉會變紅。
6. 既然已經知道我們可以從生理層面改變腦部，你想做出哪些根本的改變？你想訓練腦部做出哪些事情？
7. 練習辨認、管理自己的情緒時，你最印象深刻的經驗是什麼？學習辨認別人感受的時候呢？

8. 在你的職場中，大家是以什麼樣的態度看待情緒？本書提到的內容，有沒有哪些是未來半年你可以應用在工作上的？有哪些內容是你下個禮拜就可以應用的呢？

9. 你從哪些時事中，看見ＥＱ技能扮演的角色？請討論政治人物、名人、運動員等的表現。

10. 歷史上，有哪些人物或事件受到情緒管理的技巧好壞影響？

11. 只有百分之三十六的人，有辦法在情緒發生的當下準確加以辨認。你覺得這是為什麼？該如何訓練這方面的能力？

在討論前已經完成「ＥＱ評量測驗」的小組，可以繼續討論以下與測驗結果相關的問題。

12. 四種ＥＱ技能當中，你在哪一項得分最高？不必說出明確的分數。

13. 你的哪一項ＥＱ技能得分最低？你選擇實行哪些訓練策略改善這項技能？

14. 你認為培養ＥＱ技能的過程中，最大的挑戰是什麼？

15. 問問閱讀小組中的成員，他們是如何：

- 提升自我覺察能力？
- 自我管理？
- 解讀別人的感受或情緒？
- 經營人際關係？

16. 與小組成員討論以下這些有趣發現：

- ＥＱ會隨著年齡提升。
- 嬰兒潮世代和Ｙ世代（千禧世代）之間，分數差距最大的ＥＱ技能是自我管理。
- 男性與女性的平均自我覺察分數差不多，但男性的自我管理能力高於女性，女性的社會覺察、關係經營能力則高於男性。
- 平均而言，ＣＥＯ與其他高層主管的ＥＱ是整個職場當中最低的。

EQ 致勝

66 個提升 EQ 的技巧，教你如何掌握情緒，搭配個人專屬的 EQ 線上測驗與學習系統，引領你學會增進工作表現必備的 EQ 技能

Emotional Intelligence 2.0

作者　崔維斯 · 布萊德貝利（Travis Bradberry）
琴 · 葛麗薇絲（Jean Greaves）
（前言）派屈克 · 藍奇歐尼（Patrick Lencioni）
譯者　簡捷
執行編輯　陳思穎
行銷企畫　高芸珮
封面設計　陳文德
版面構成　綠貝殼資訊有限公司
發行人　王榮文
出版發行　遠流出版事業股份有限公司
地址　臺北市南昌路 2 段 81 號 6 樓
客服電話　02-2392-6899
傳真　02-2392-6658
郵撥　0189456-1
著作權顧問　蕭雄淋律師
2019 年 7 月 1 日 初版一刷
定價新台幣 340 元

ISBN 978-957-32-8582-3
遠流博識網 http://www.ylib.com E-mail: ylib@ylib.com
（如有缺頁或破損，請寄回更換）

本書所附的測驗密碼僅限一人使用，可測驗兩次，並無使用期限。若讀者購書後發現密碼有任何問題或測驗連結失效，請來信至 ylib@ylib.com，或上 Facebook 粉絲專頁「閱讀再進化」（https://www.facebook.com/1620regenerated/）留下訊息，註明書名《EQ 致勝》，客服人員將為您轉至編輯部處理。

遠流出版公司

國家圖書館出版品預行編目（CIP）資料

EQ 致勝：66 個提升 EQ 的技巧，教你如何掌握情緒，搭配個人專屬的 EQ 線上測驗與學習系統，引領你學會增進工作表現必備的 EQ 技能／崔維斯 · 布萊德貝利（Travis Bradberry）、琴 · 葛麗薇絲（Jean Greaves）著；簡捷譯 . -- 初版 . -- 臺北市：遠流 , 2019.07
288 面；14.8 × 21 公分
譯自 : Emotional intelligence 2.0
ISBN 978-957-32-8582-3（平裝）
1. 情緒商數　2. 情緒管理
176.5　108008889

EQ致勝

Emotional Intelligence 2.0

專屬EQ評量測驗密碼

沿線剪開